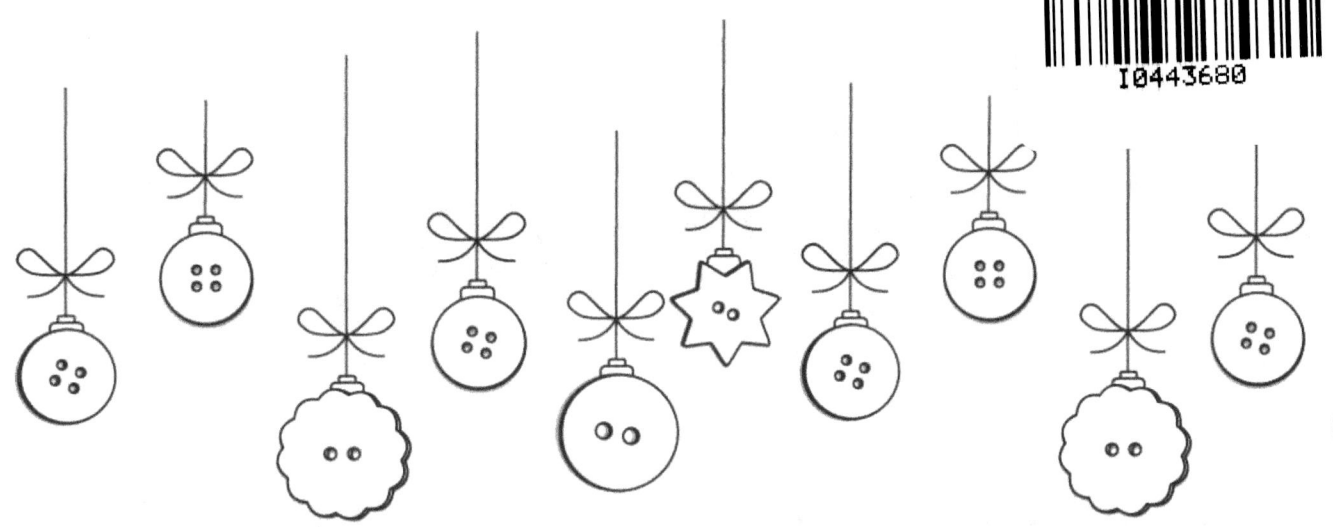

This book belongs to:

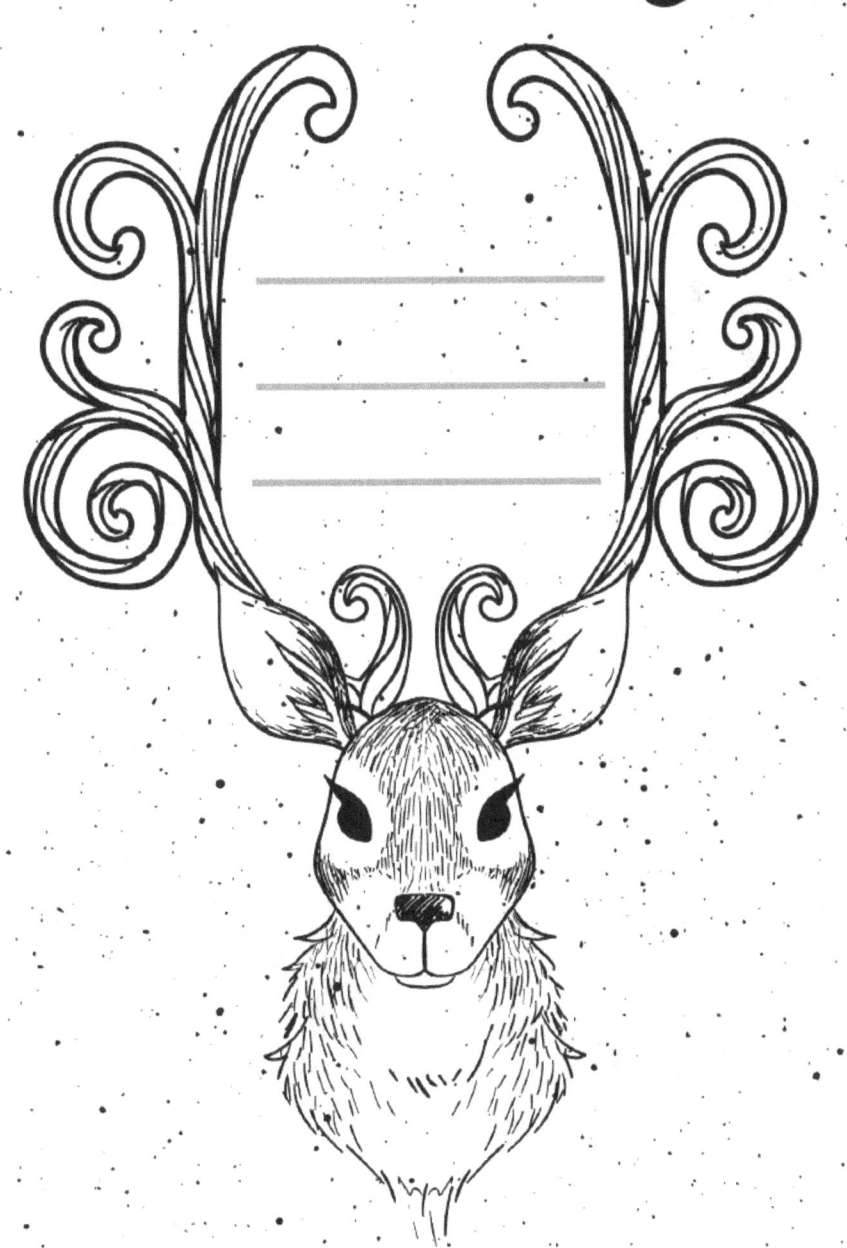

Summary

- Coloring (Christmas special).
- Wordsearch.
- Mazes.
- Sudokus.

Solutions!!

 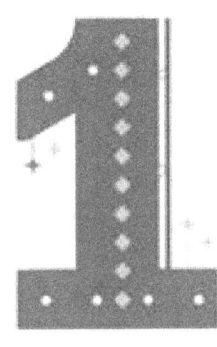 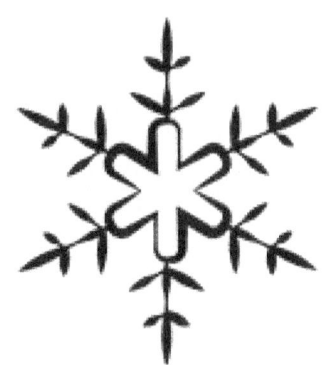

-Coloring (Christmas special).

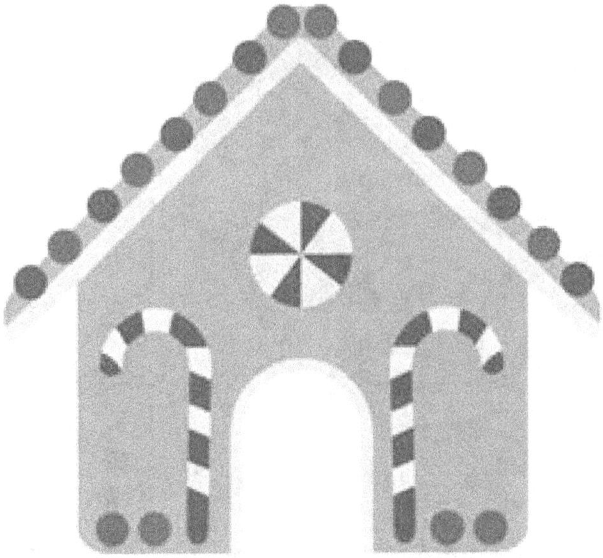

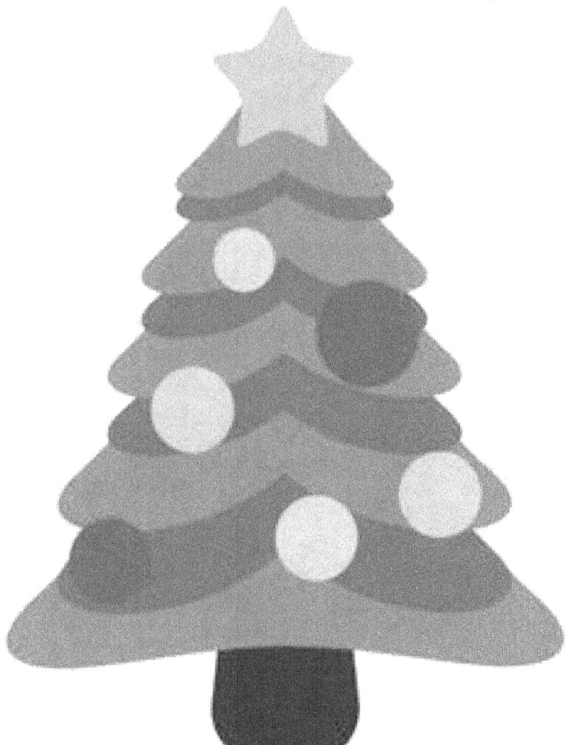

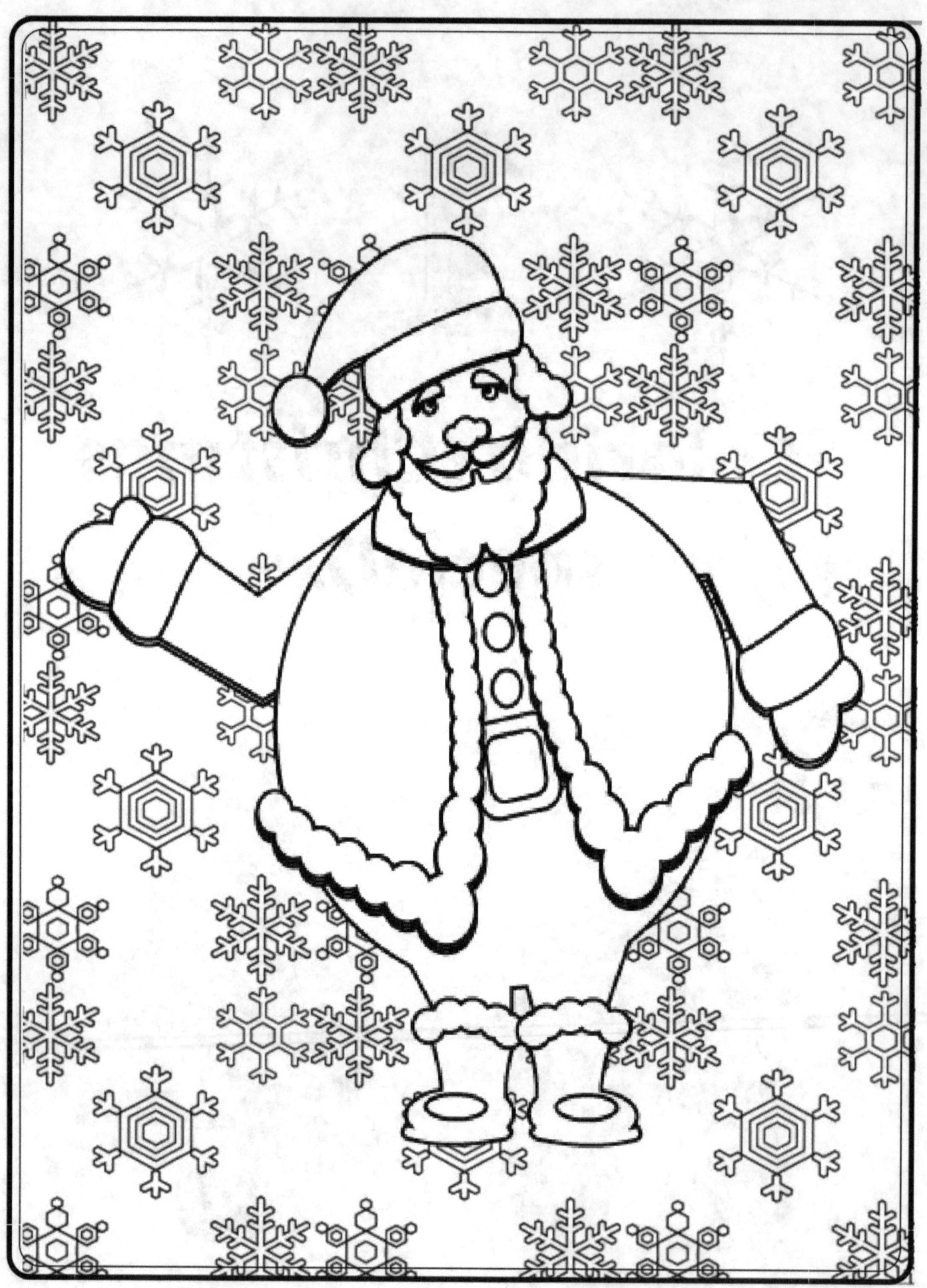

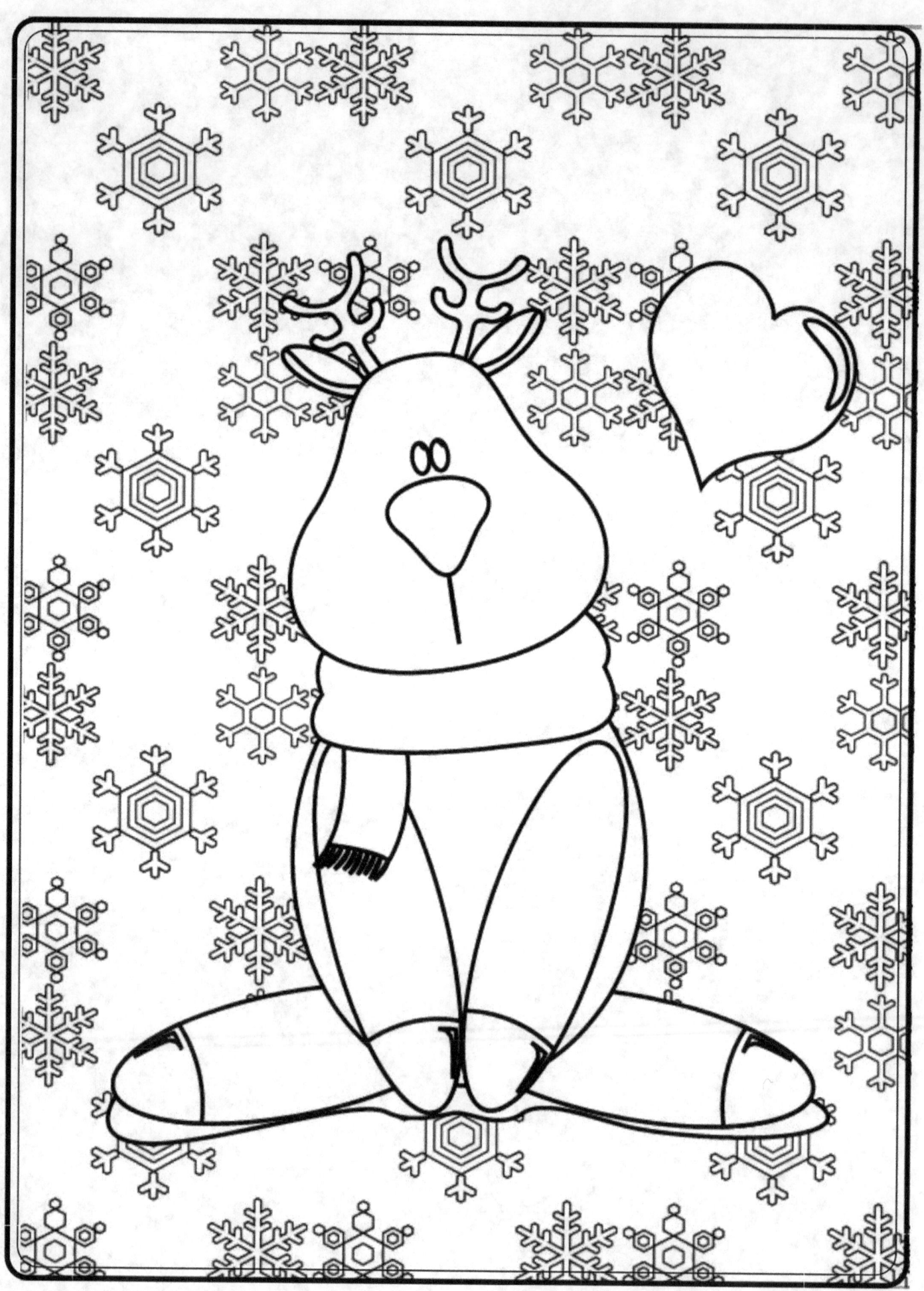

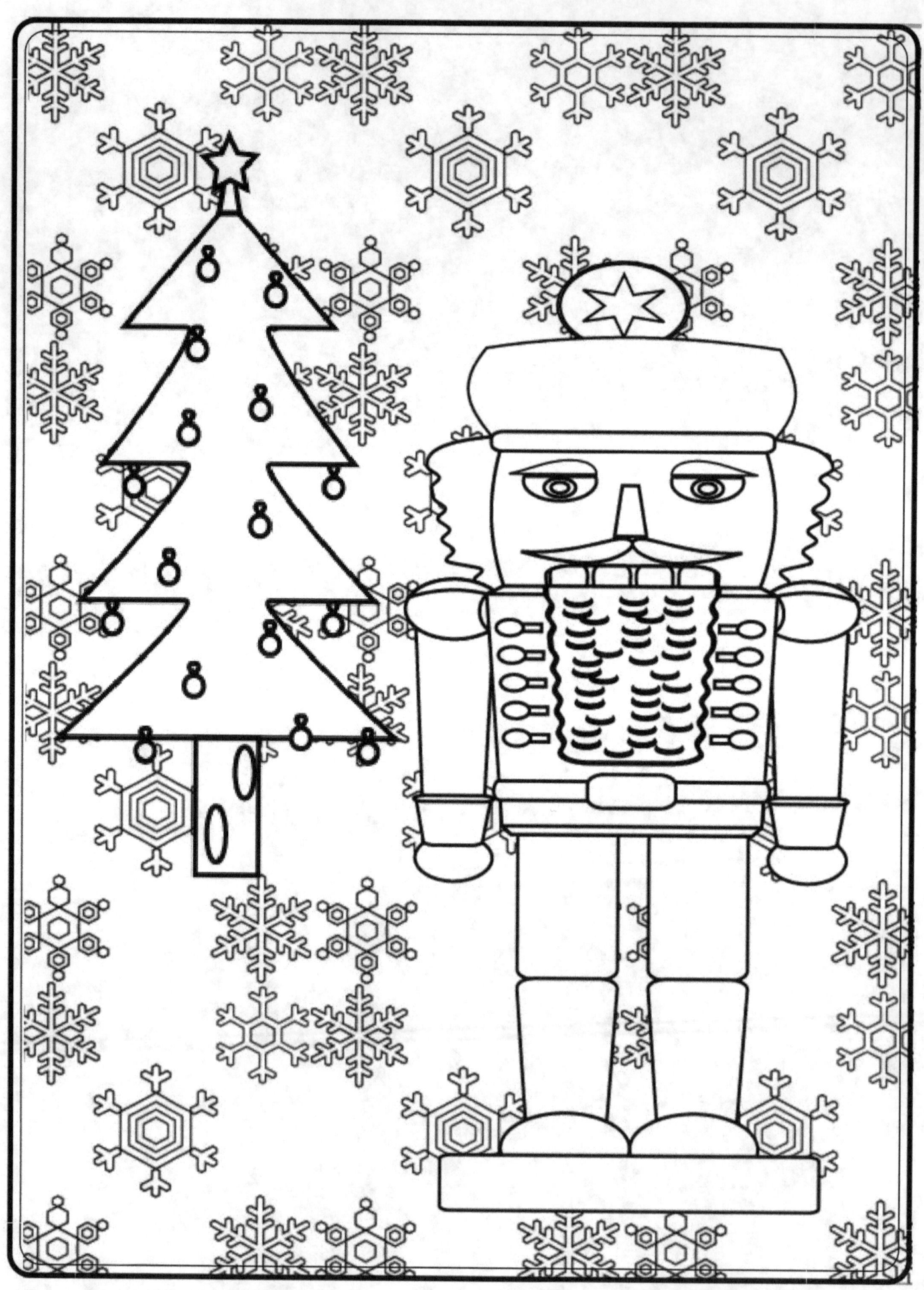

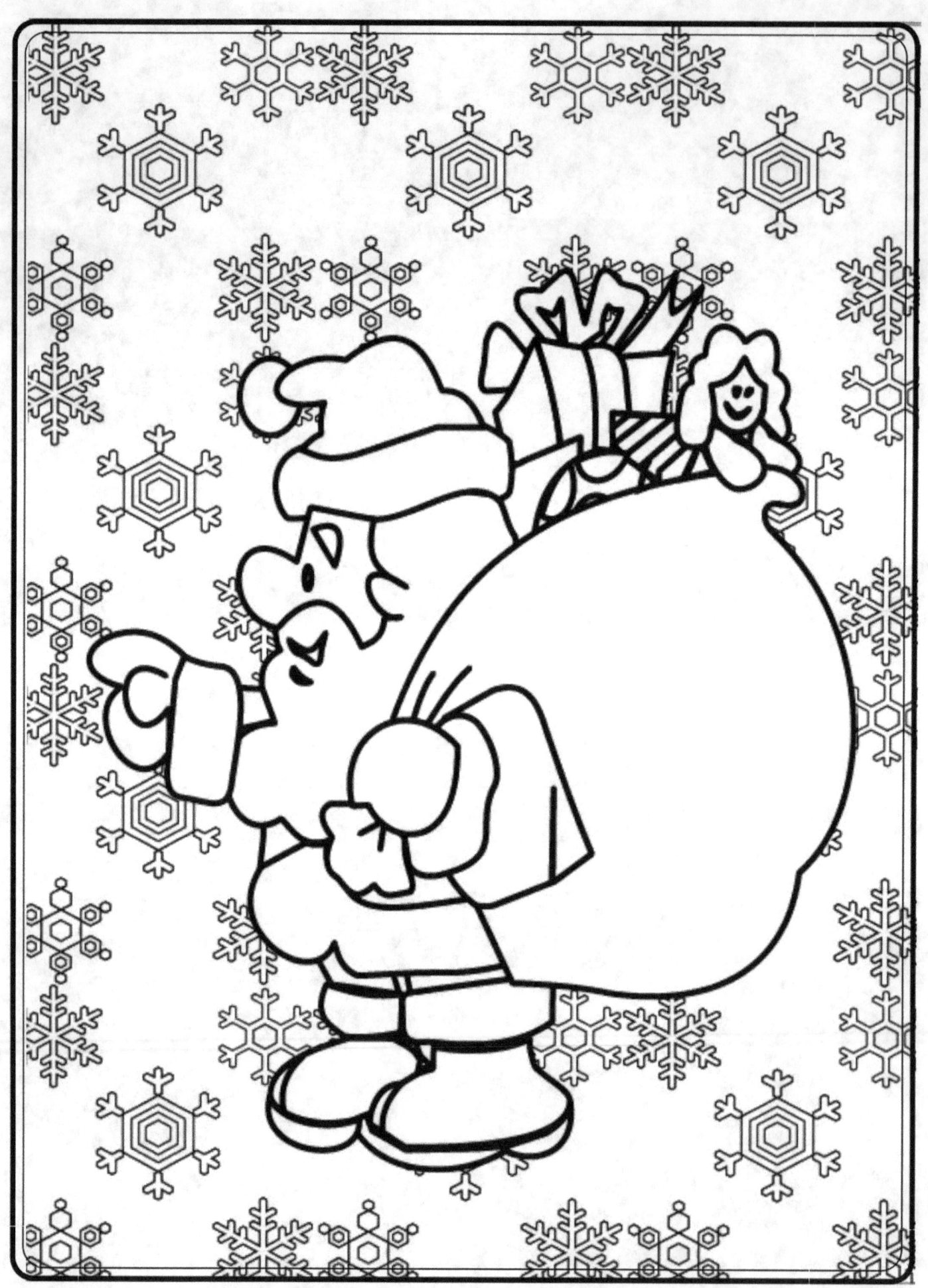

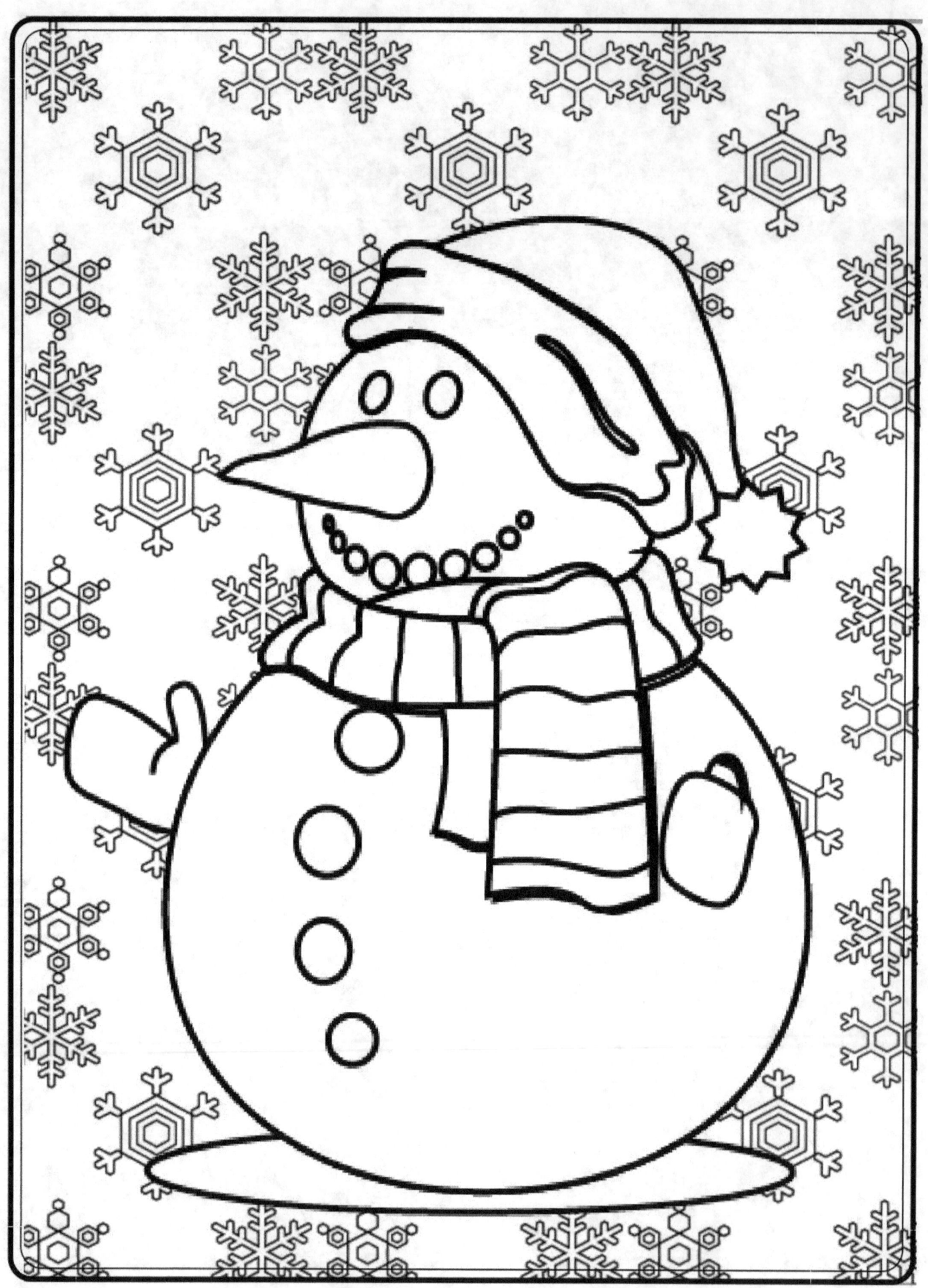

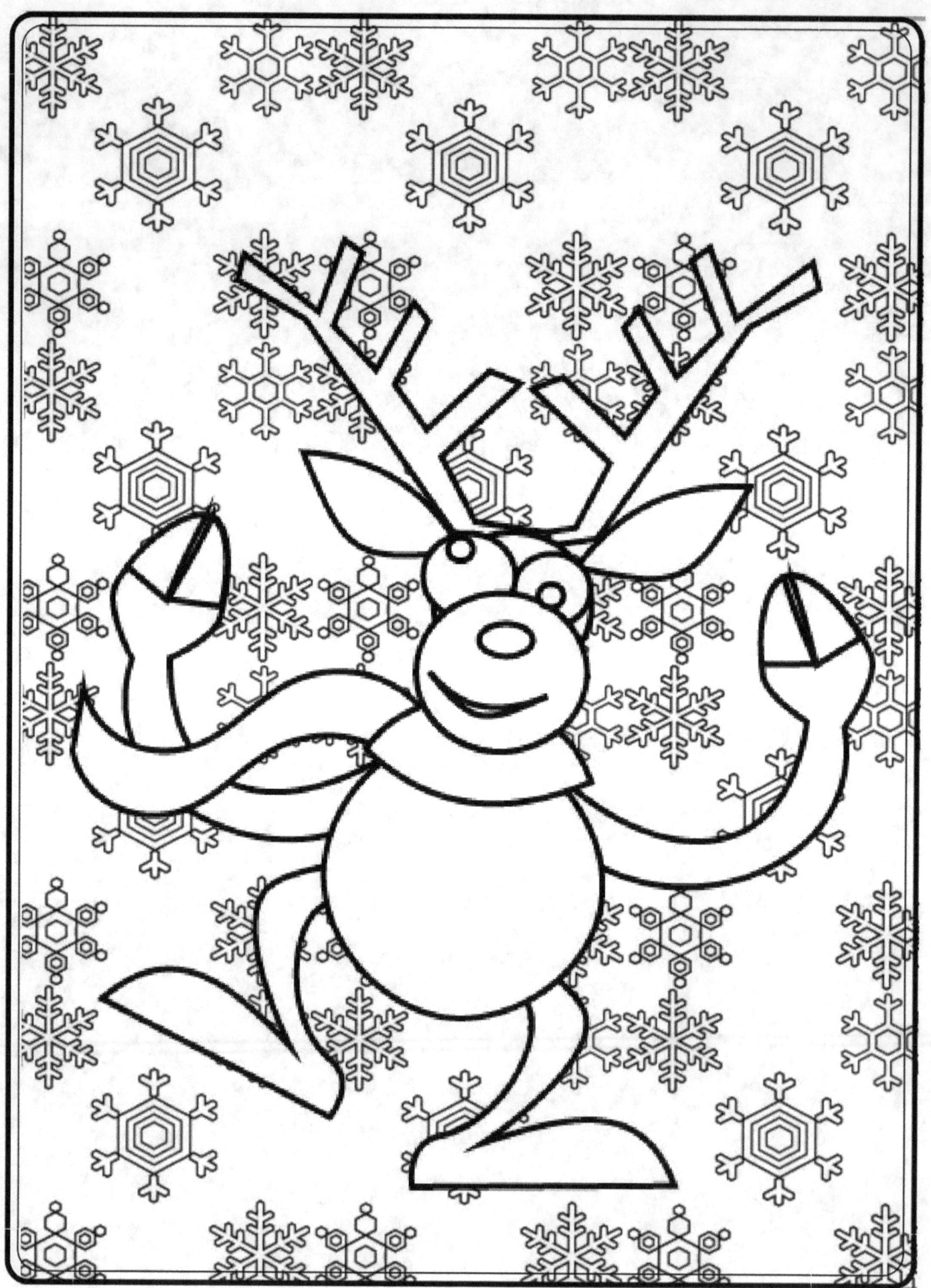

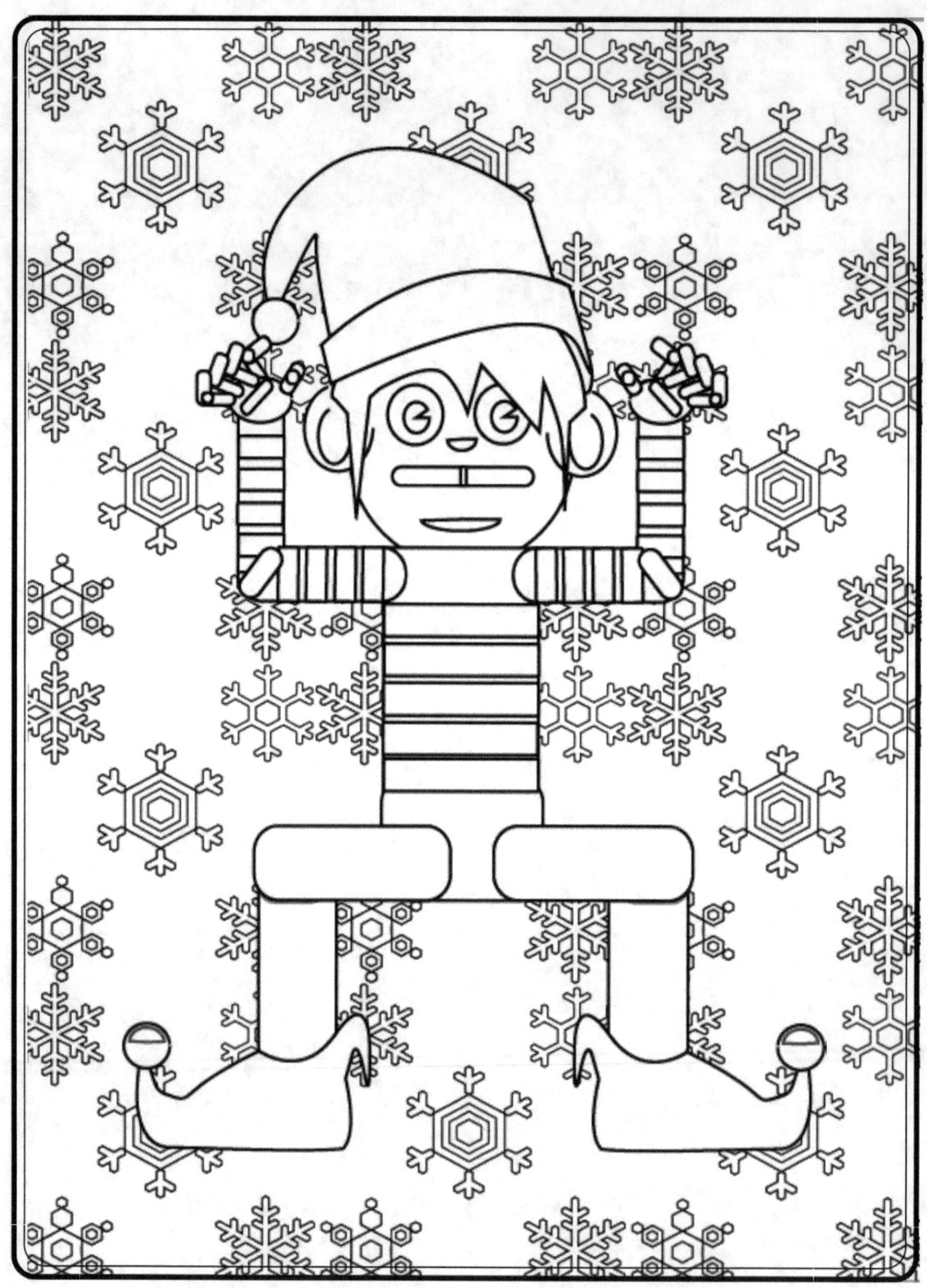

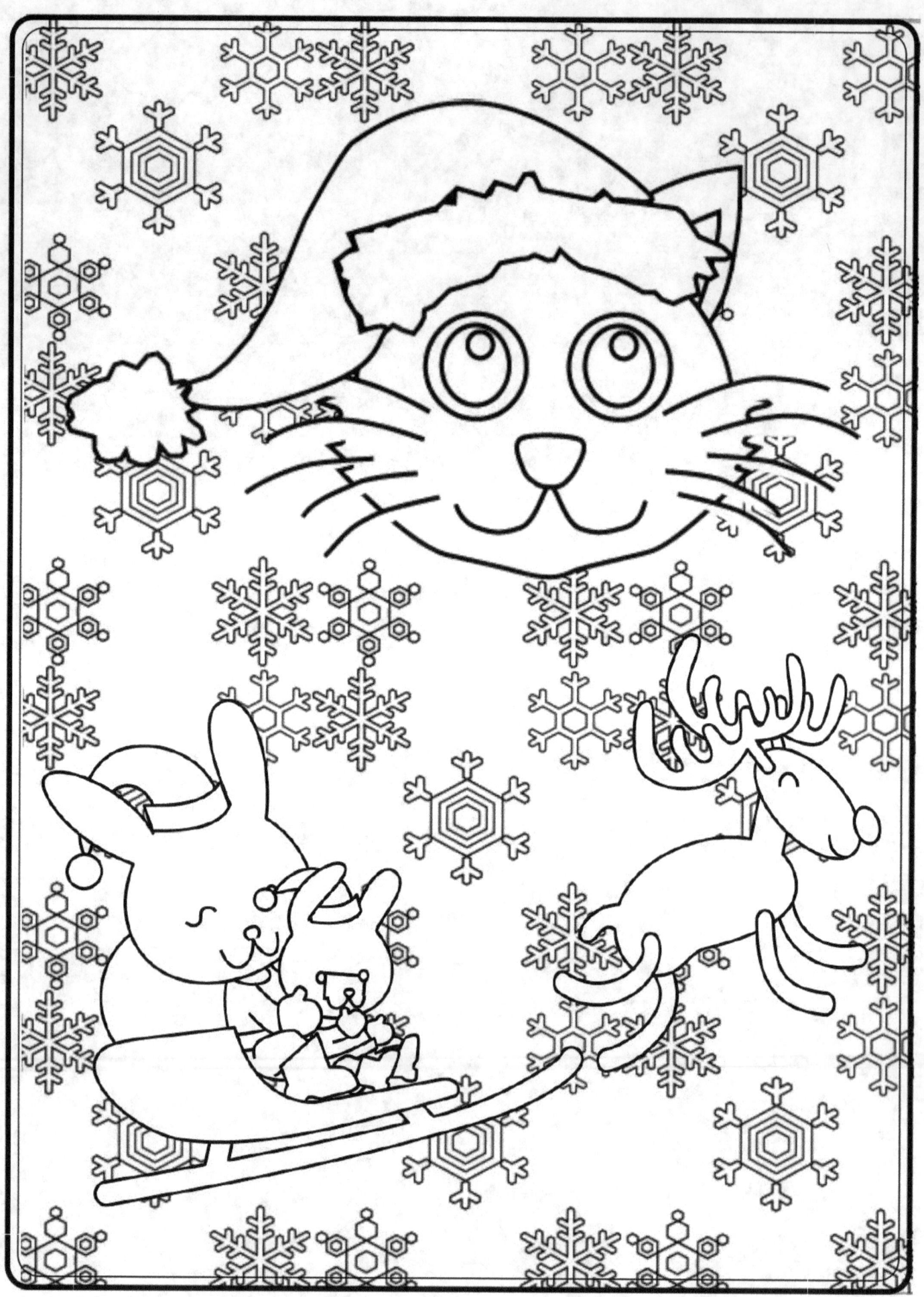

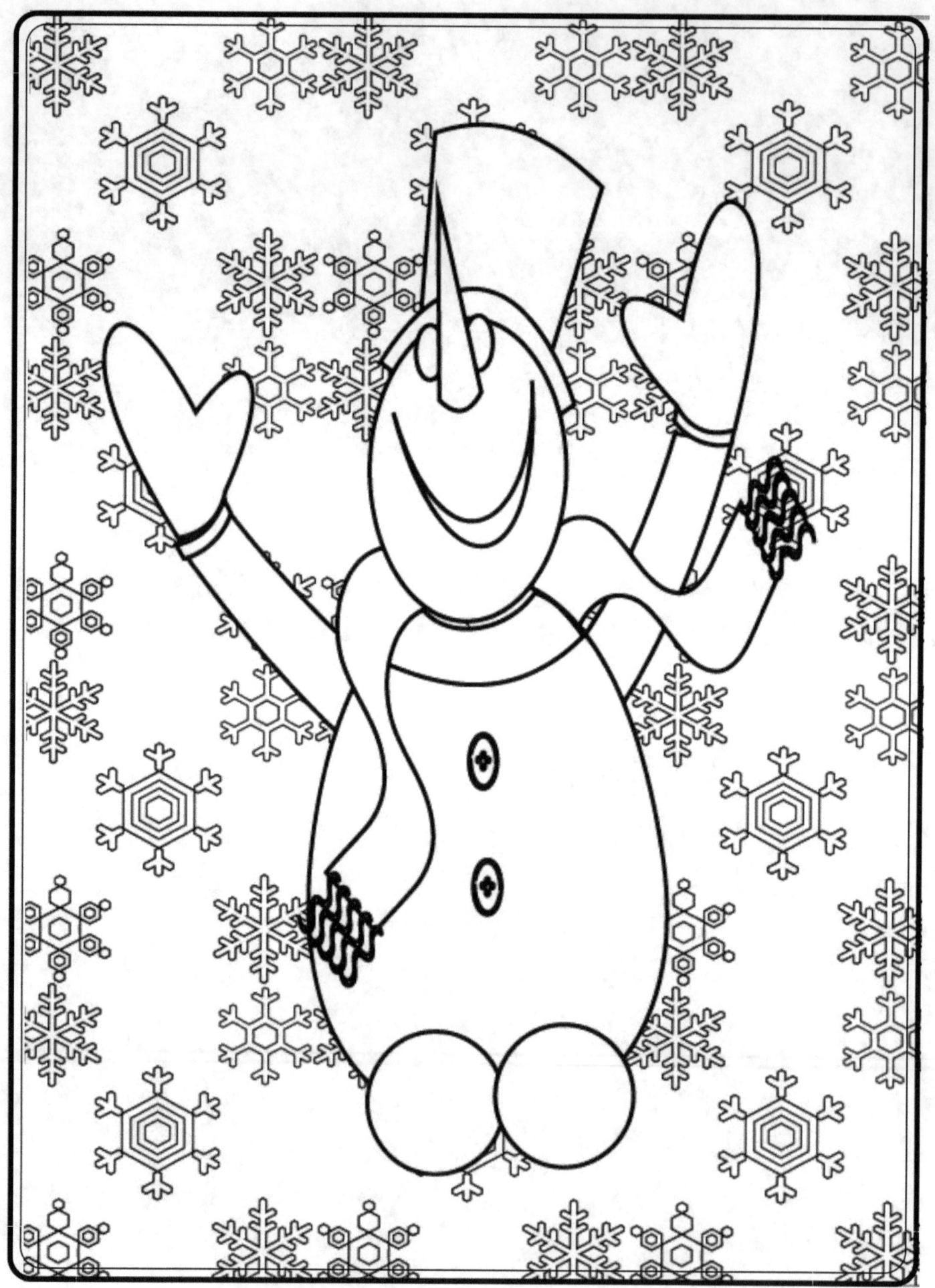

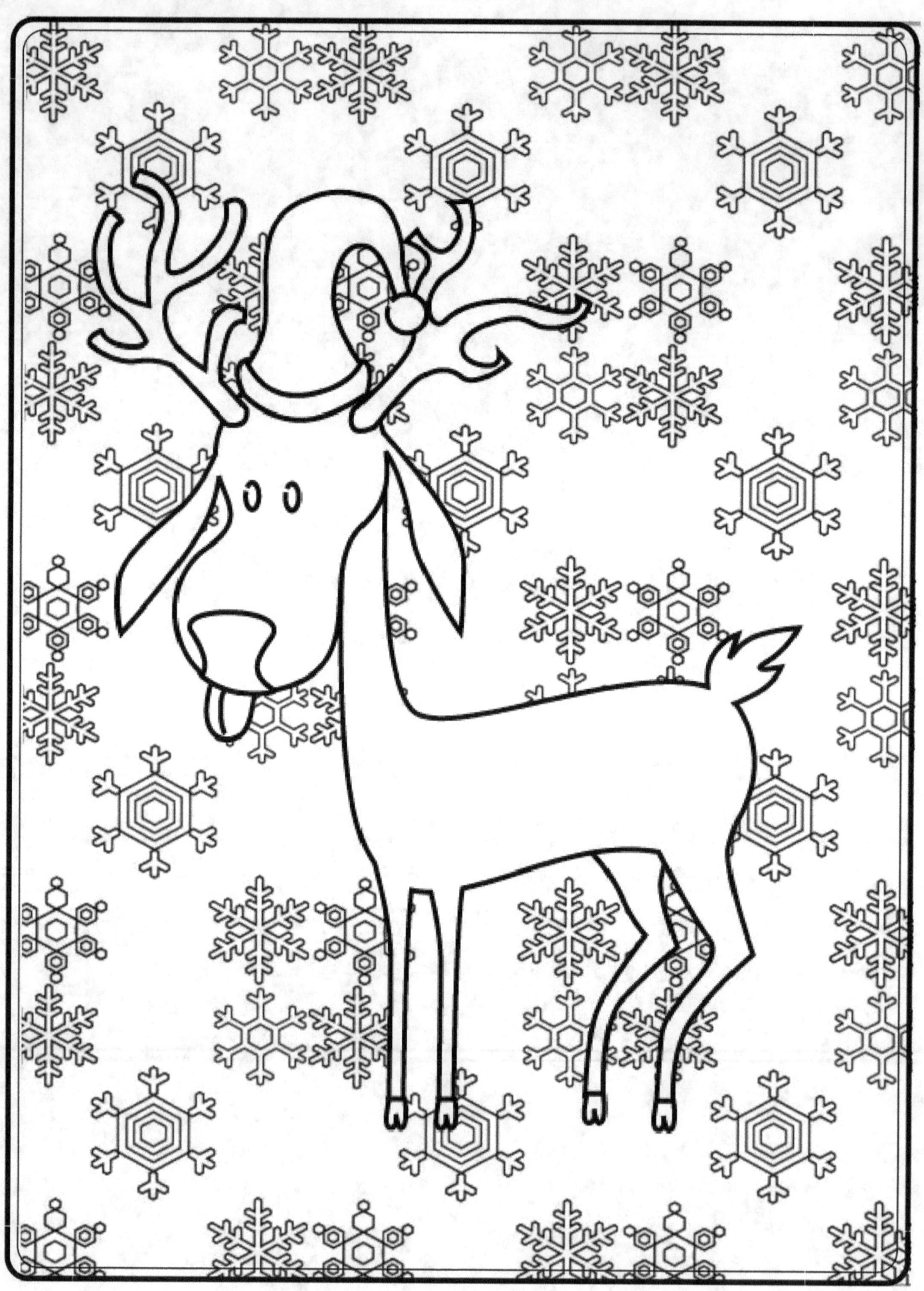

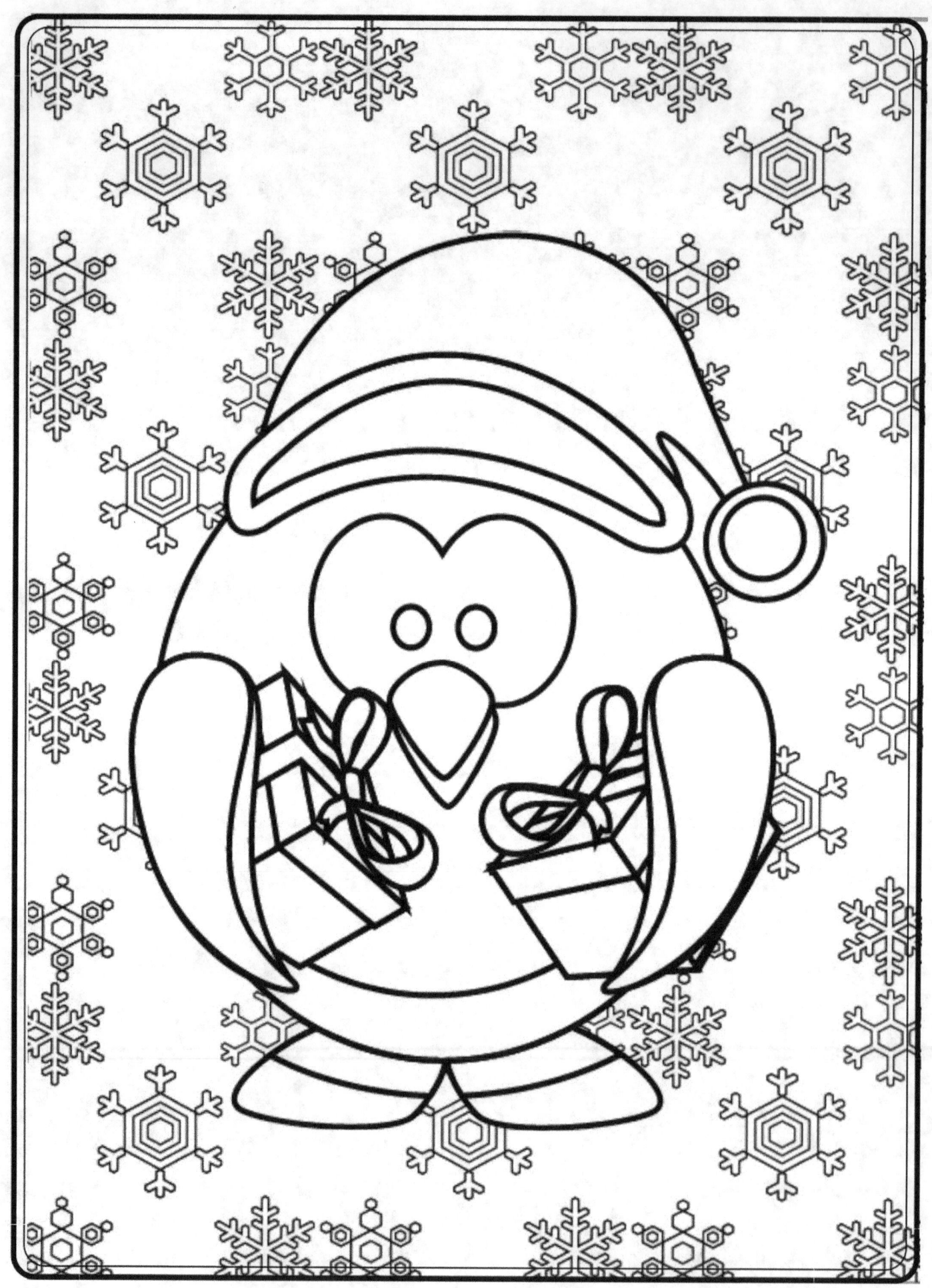

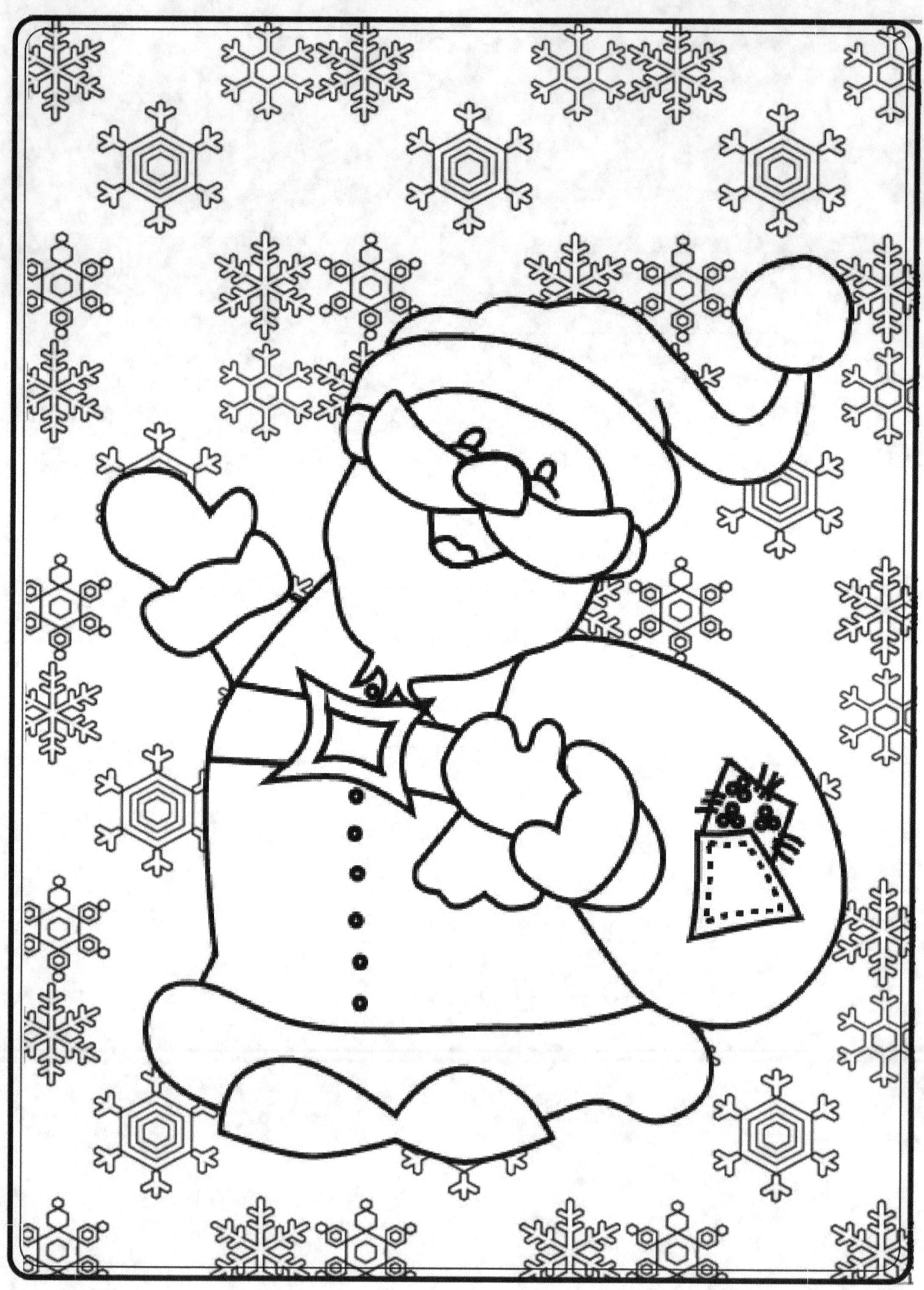

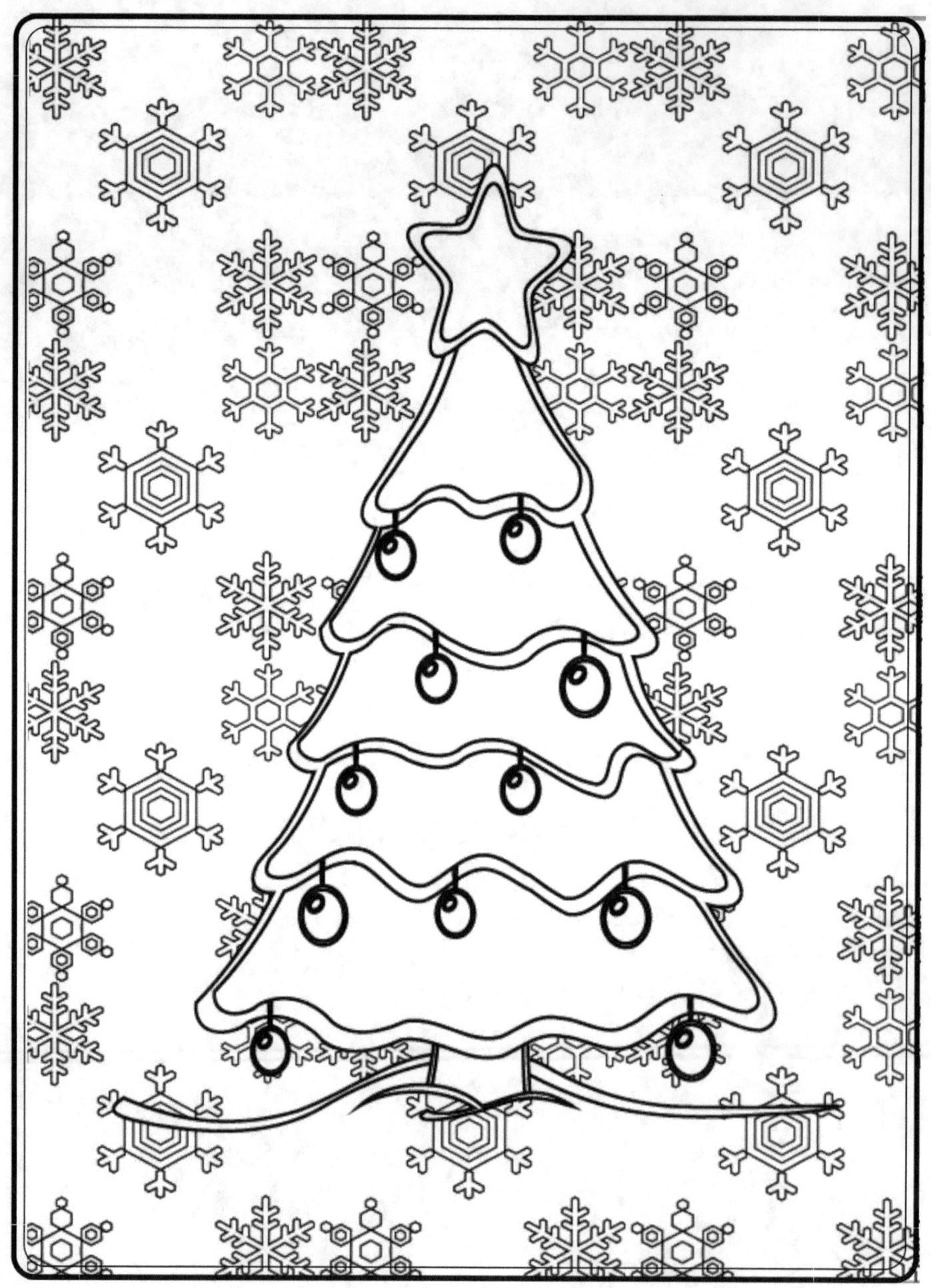

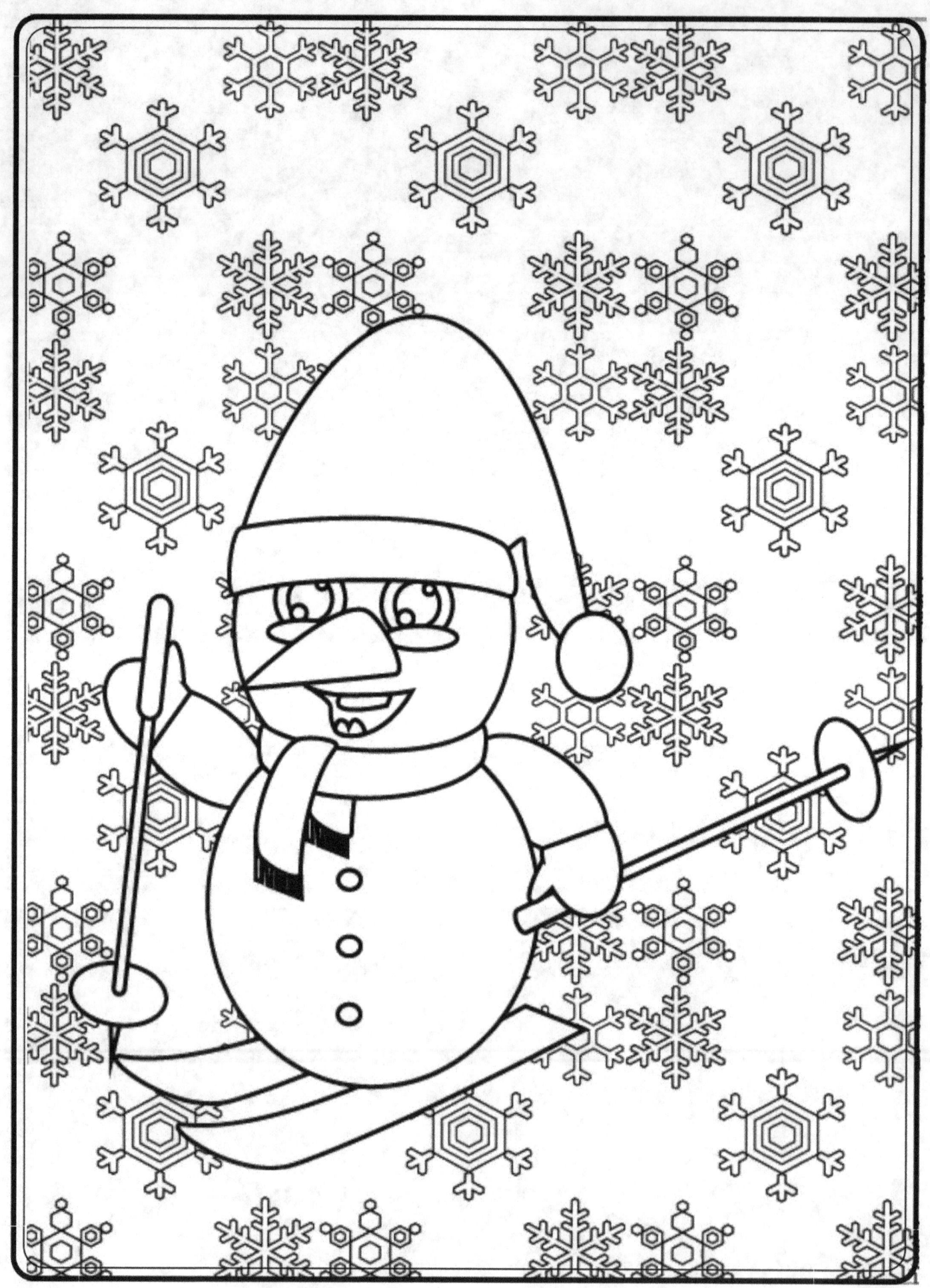

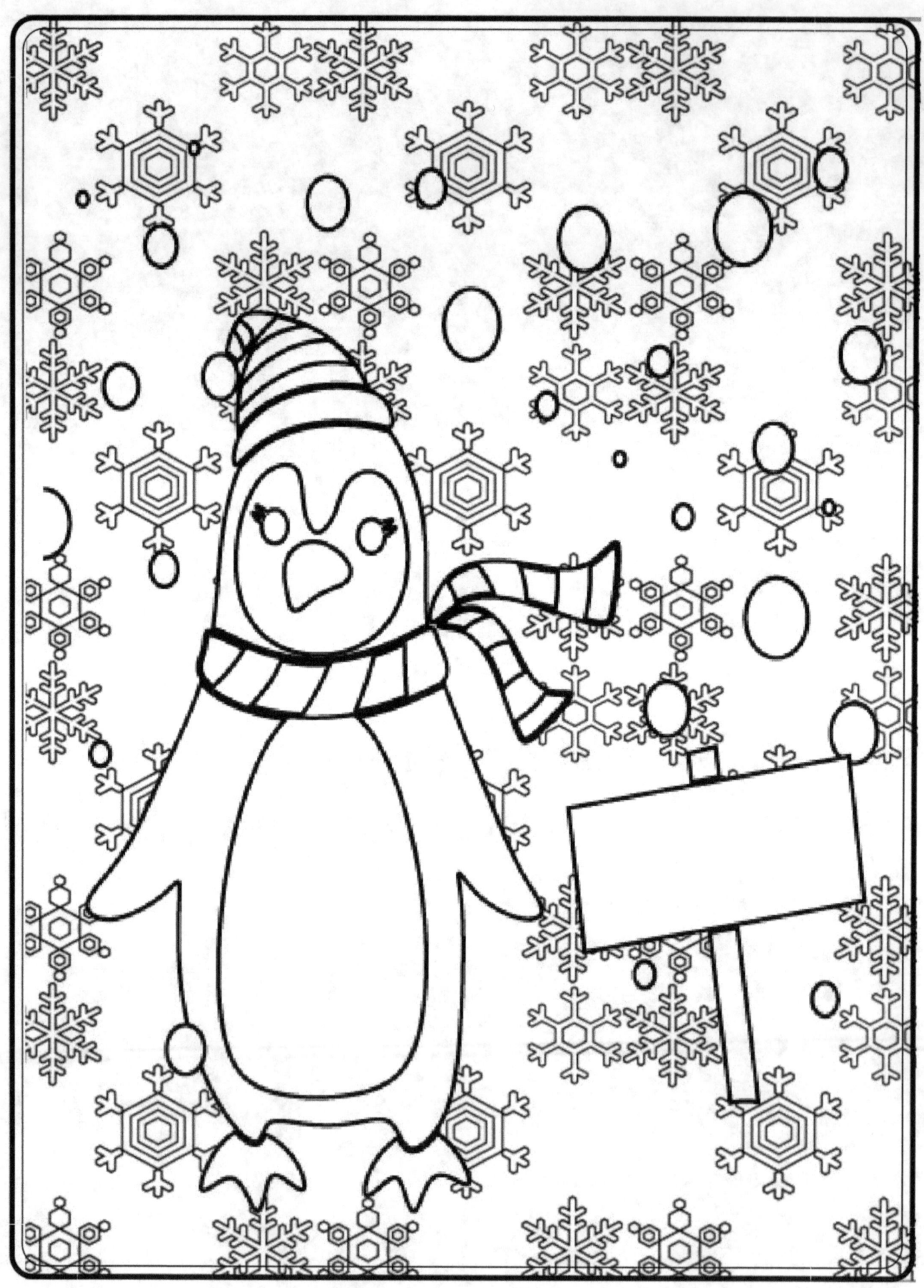

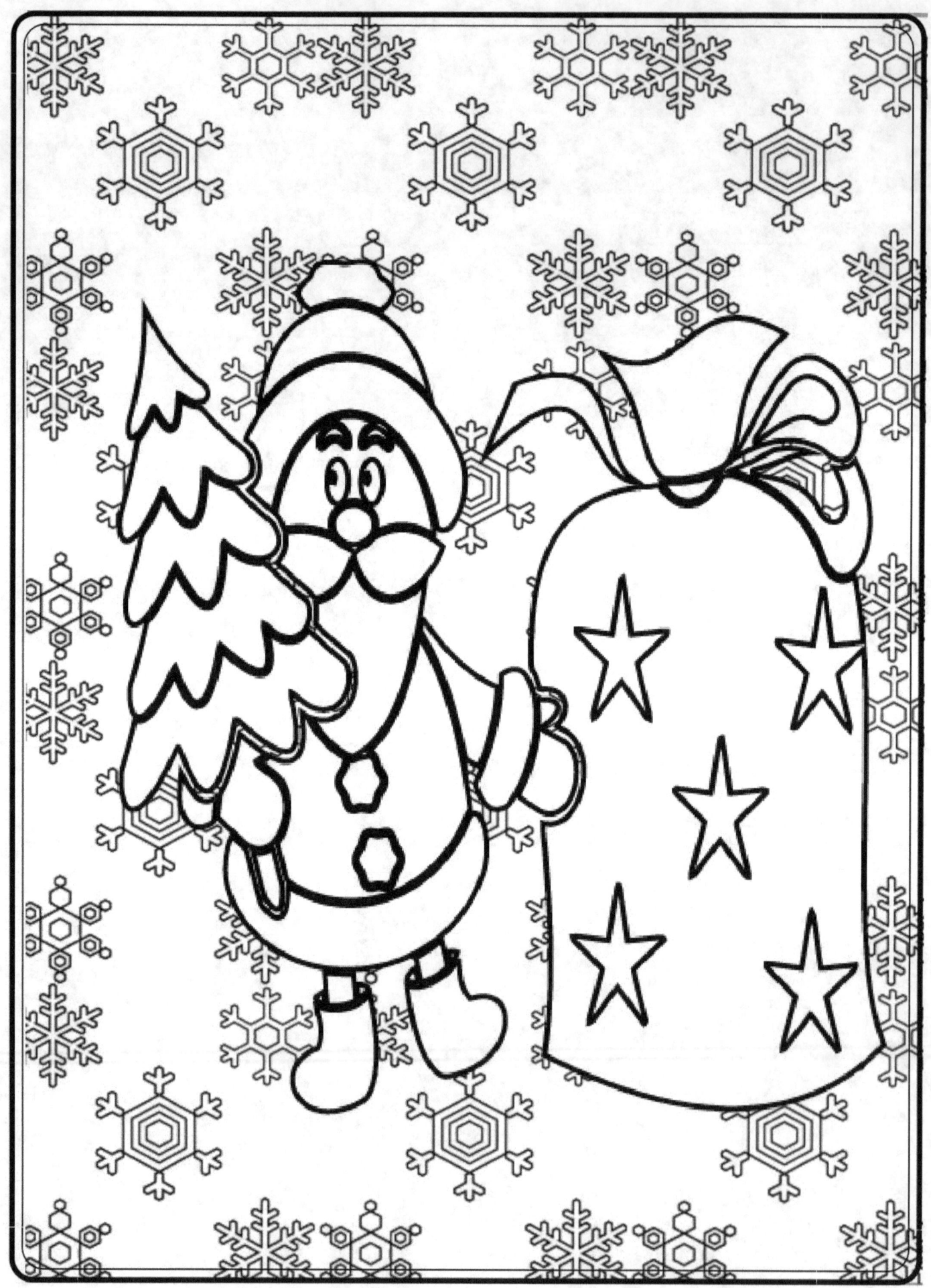

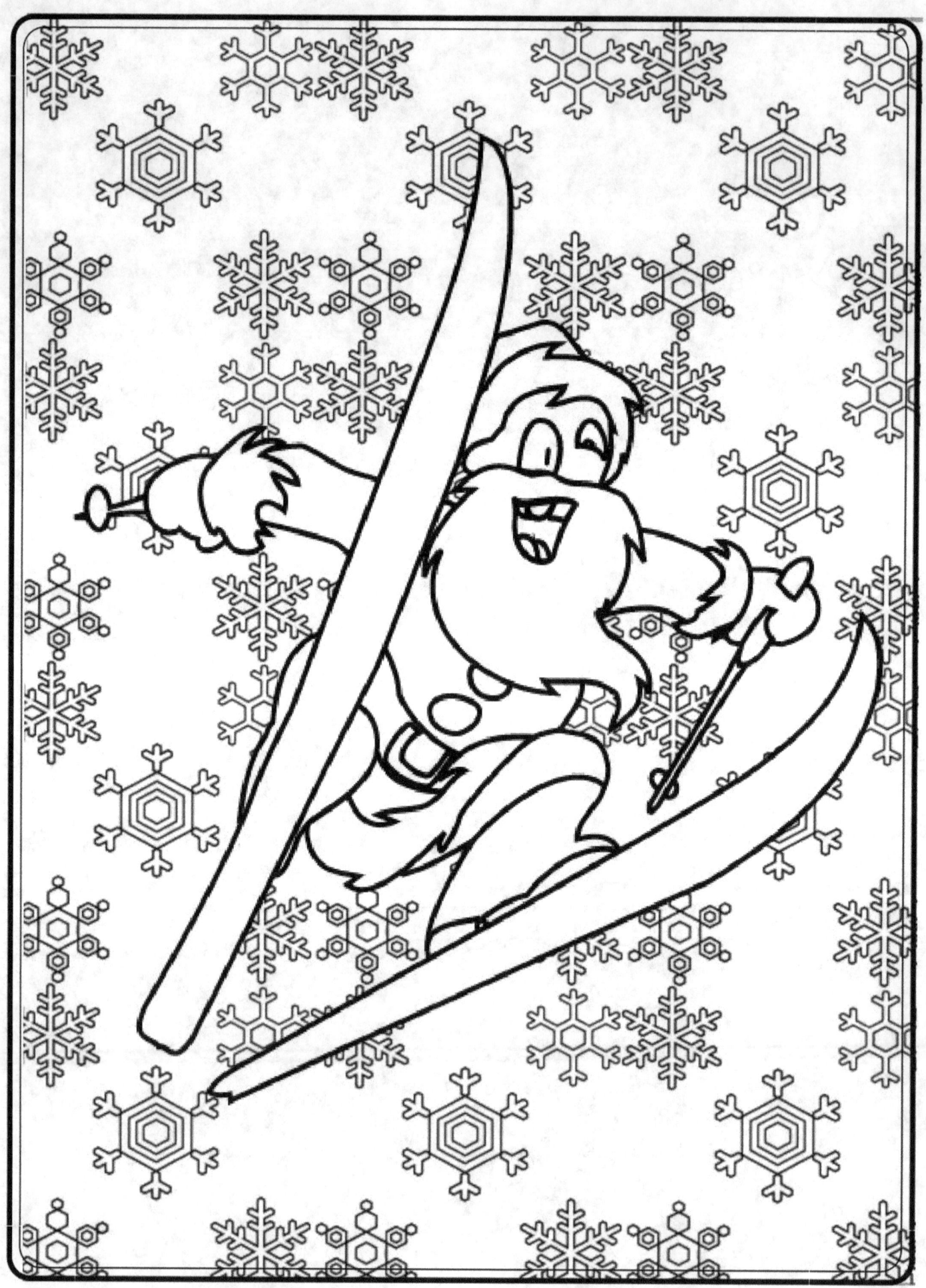

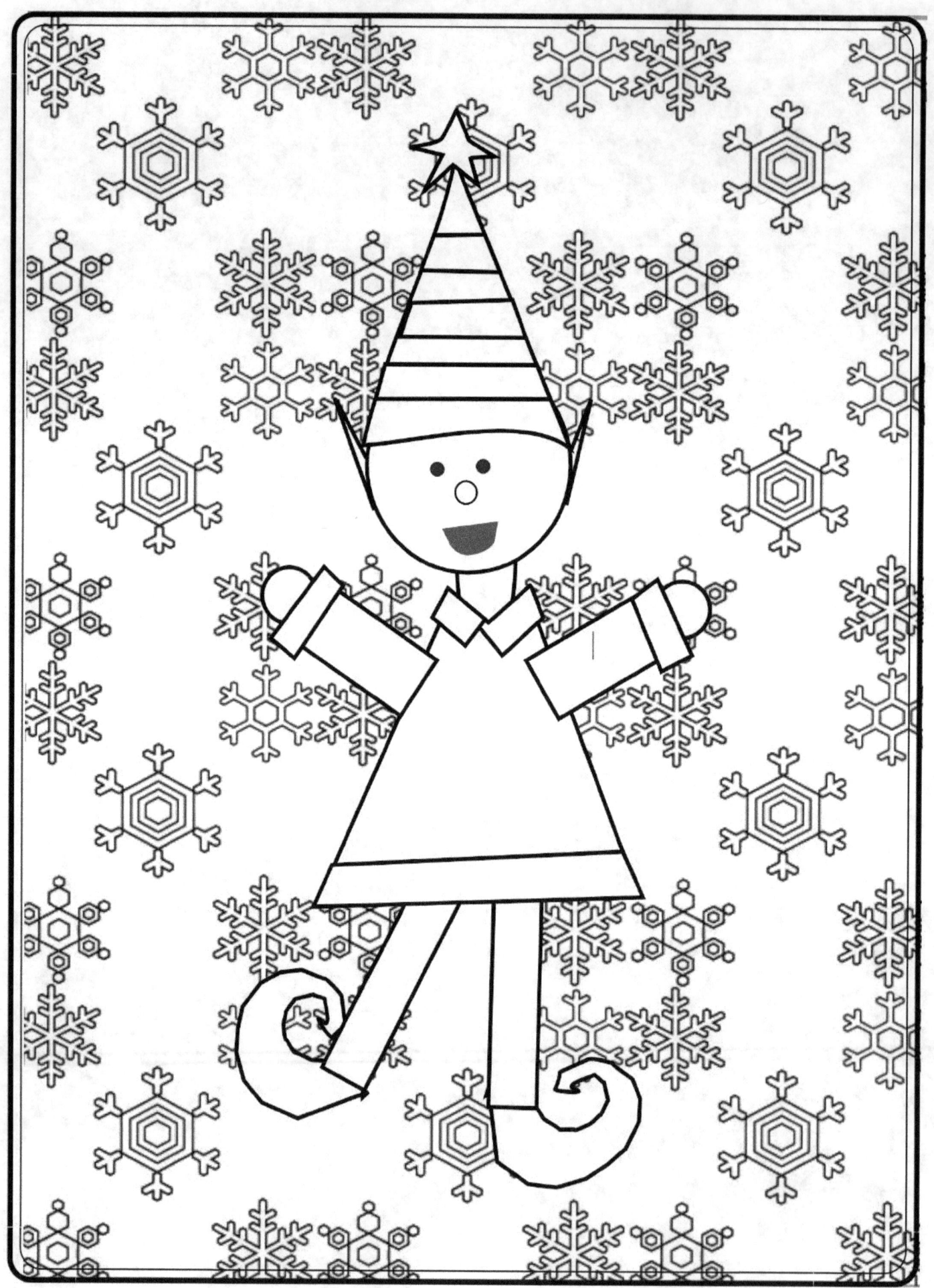

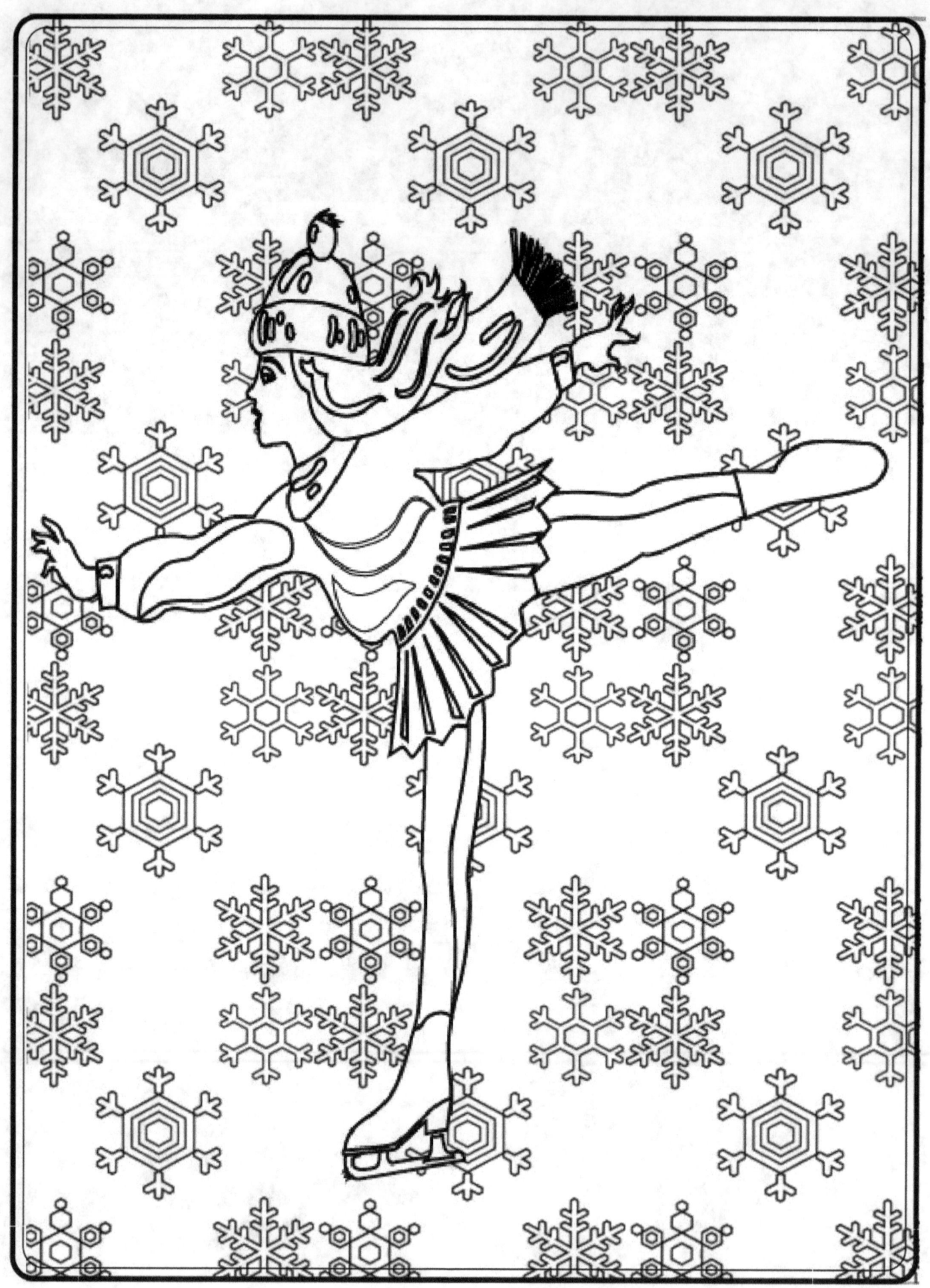

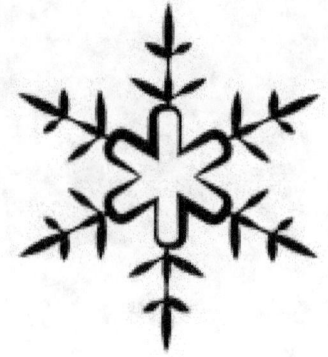 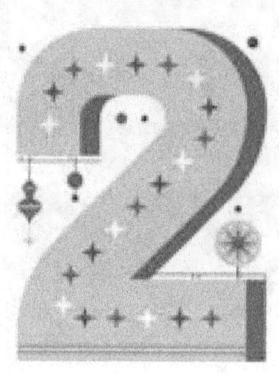 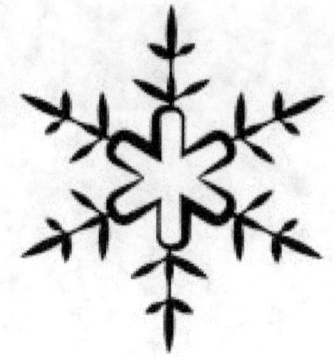

-Wordsearch (Christmas edition).

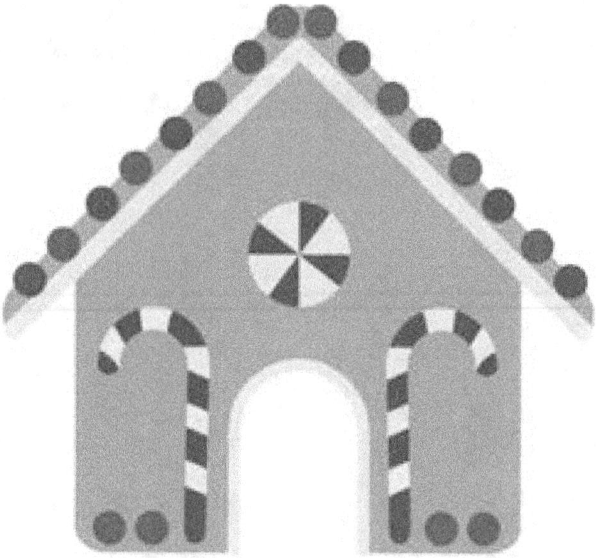

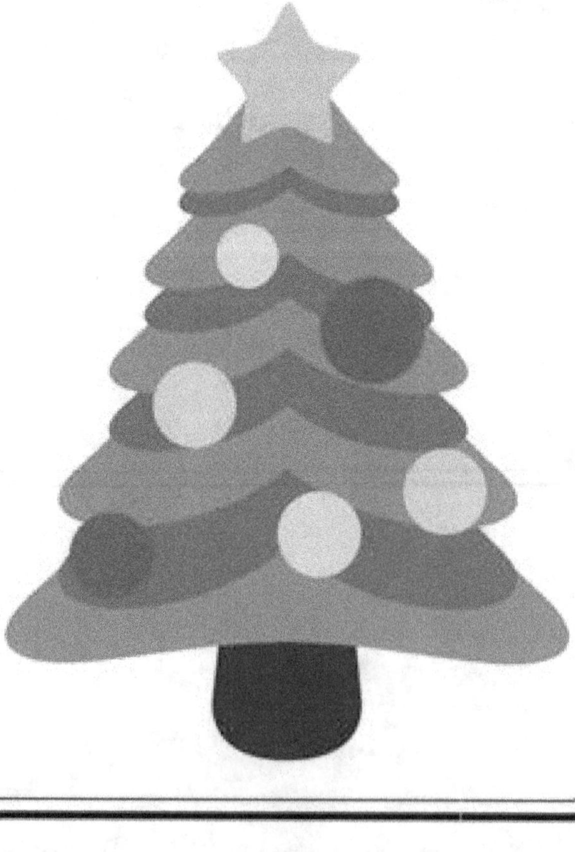

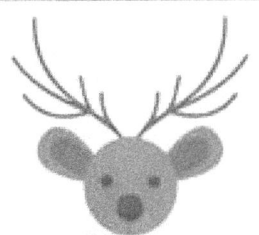
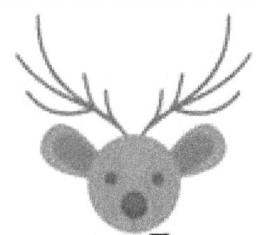

```
C V K V W Y H V M M U D G Y G
G E M L L P W T G A B E I D T
J Q L W K S C J R P K C O N K
J T O E P P W Y H I B E Z A M
J A T J B F B D F F B M Z C D
B C D H Y R A A U H O B W L F
G I F T D W A S O X N E W A A
D F B Y W T P T G Q O R M A Q
Q D Q V C Y Y Z I W L I I I I
L F J R R E S A Q O L E G N A
Q W I P K U C A Y Y N T Q E L
U J U J W N G D J W Z Z C G M
X O M X H S R M B X B C K H U
J I J A N A O E J K P D M J W
D K C O C I N T O V I Q H W A
```

- ANGEL   - CELEBRATION
- BIRTH   - DECEMBER
- CANDY   - FAMILY
- CARD   - GIFT

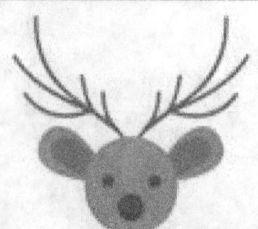
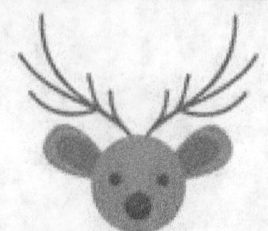

```
Y J N C S D F T U Q X I P H Y
E M G U Z E U P S E K E A U P
L F S C S H A U S E Q O L G P
E E M T R U M Q D Q U M K W A
J P I G I T L R O U H G G K H
R V N F B L I T P J D U H G X
E O B V R X I N P L X H A H K
Y V T Q O D M M D G V V Q R G
U B N L J C F C D Q K N G T A
X R B S K U K D C N L K N H
H D N A L R A G G T M O I J T
P W J O L L Y O G L Q V B S K
B U O X N T V W V P I L Z N T
N D G F K W D H E U B X M S X
P S J D N N Q U T R X A Z D A
```

- FESTIVE   - HUG
- GARLAND   - JESUS
- GUEST   - JOLLY
- HAPPY   - LIST

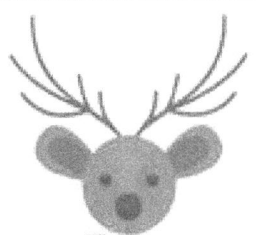 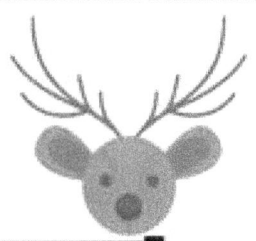

```
N R O C P O P Y M U W R F H R
Q Y F R S S D P I P E U W S C
Q J D H W P B P Y D Y Z J L E
Z X W V N F L I P R R F O A J
F S R E T K X N W X R G Y J A
R E U B X M A N M K N E V Q W
L O V E I X V B L I R N M J Y
G V M S T A Z E K U X V I E K
N B C R W S F F R A H K I A W
N A M O K L N R J R T R X V Z
X I O Y Q J H T Q D Q A C F K
Z Q C P I Z N S D M Q V S G Z
Z U V E I B M E A B P S C U P
M W O H O J I P U F C N V A H
K D M U L R F X M L M U B L N
```

- JOY
- KING
- LOVE
- MERRY

- NICE
- NIPPY
- POPCORN
- RED

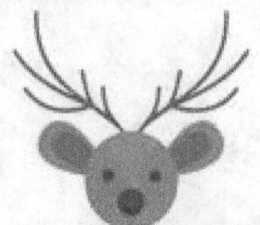 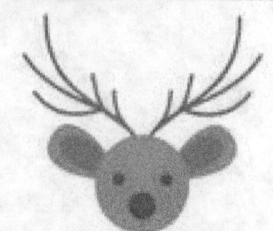

```
T E P E I T Y L C H J P I V L
L V Q P A W U O O K X Q D A E
J I E Y Q O C R T B F O U F R
S E F Z H H J A K W R T E Z H
Q C S E A S O N R E I O J O Z
V E M O Z X F R C R Y S Q C S
A R E S G G E E T W P J B B
G Z T B B O D E A S A I K C U
I A V B J H B E W N L W F W Q
R B R K G R Q G O O I J M A U
L B D A C C H G W W X X H F S
C G X E F L B S U M Y M V S O
A F T Z B K P N L K N K K Y N
L F A D H T L D S P Y T B K F
Z G G O K T N M X A V O W W K
```

- RECEIVE
- RITUAL
- SEASON
- SNOW

- STAR
- TOY
- TREE
- TURKEY

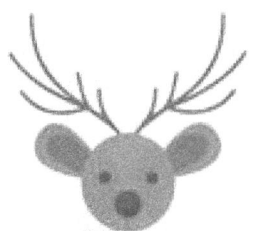
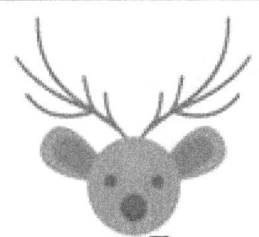

```
K Z E B V C T Y O H F V S N S
W U E W U U W X Q X S Z L O N
W I I Y T E M I C X H I C C R
Y F N M G G J B R Q L K W M P
N E M T I E T T I N S E L W F
E D U O E T I S I V T R K O D
W X L H G R B C Z L S E S N D
B K R S I U H T C Z U O L D L
Z P Z F O C I T G Q N U E E L
H D P N D R O O C F K E L R Z
T I W V I T C O W G D J U B D
E G L P G I J O Q D K M Y Z B
F U S J F Q V M K U L Q E H T
J H C C I O D P C R S N Q K S
F R D I F M N X M Z L D A X F
```

- SOCKS   - WINTER
- SPIRIT   - WISH
- TINSEL   - WONDER
- VISIT   - YULE

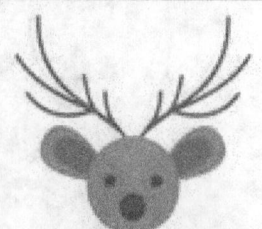
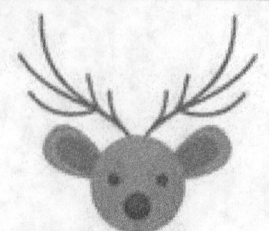

```
X U L R U P Y R T N I W T B
S G T X N A R H E R A P C P
W B F P C A S E F G E Y A Z N
V A C A T I O N S A B P C F L
H Y J Z K E P A T E H Q K K G
W G N I T Z J H E Z N G A H N
X D I A X C F D H V K T G P B
L K K E N T H Z M C U E E B Z
M S H G L Z X W G D J B L U C
C R V S K S X F S H T N N O O
P B S A Z B X G W X C O T P E
Z F Y I M D C A W S O B P O R
Q Q Z Z M D P B N L N B V V Z
Y S W T D B R J N M X I G D Y
P C H U Q O H X C E V R L G Q
```

- PACKAGE - SLEIGH
- PRESENT - VACATION
- RIBBON   - WINTRY
- SKATE   - WREATH

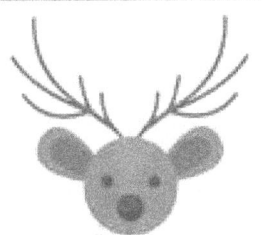
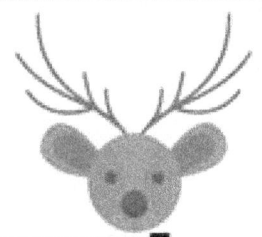

```
J B L I G H T N B Q Q O E S X
D B T E P I M T M Y C B D Z G
R A R Q I Y S K Q C E Q A E Y
U R O C J Y Z O A A K X R G T
D Y O H T O N S N Z R F A R Z
N H Q O Y T I V I T A N P A E
I X K C N O N D H H B P D Y I
D P I O N B K A T M W A A J F
I L P L P I G R E U L V C N H
C T I A A V O D U G B R B C E
K W T T G N J N J P A V W D C
I C C E B C F M R D S P N E C
W C D J S S C J A X A D M K C
N Y Y S O I B V D A Z K U E F
X W N U J C G O C J H F U K B
```

- CHOCOLATE   - NORTH
- ICY   - OCCASION
- LIGHT   - PAGEANT
- NATIVITY   - PARADE

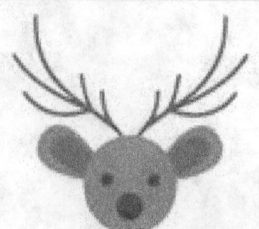
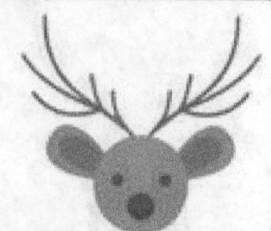

```
S M K V V V Y O R O J Z Q W Z
V N K D T Y R M I L Y V G J L
S P O F H C X J B Q C S J T X
Z W E W U K R L K W T S A W M
S V Y O M F T N E U T F B F Q
E R P Z A A H Q Q F M X P K C
Z X A Y K W N Q W F R R W G
V R N J K I R X E B T S A E F
Z F B R E P E S V Z S J N P B
E D H W H M D M I V C Z F F Y
Y I U O L Y W P G H E D R E Q
Y D U U W T G C G Z W P O A E
A S L A F G W P R Z W I S L B
E S W O E X C H A N G E T W N
D M T F G J A N S O R E Y I N
```

- EVE
- EXCHANGE
- FEAST
- FROSTY

- GIVE
- GOLD
- HOUSE
- SNOWMAN

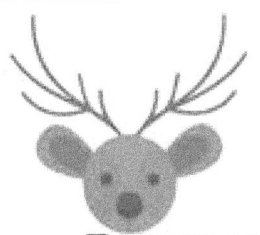
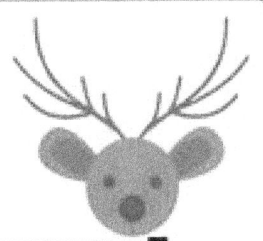

```
F N Z M S P I D A C C T G Y V
H R Y A L P S I D Q H V H R J
Y H U I T W W D R O R D F B H
O E H I G X E L T Q I O I Y W
P D N U T C V T Y Z S V F I R
J P R M O C A F Z C T F G F S
T V G R I I A L Q C M W S E O
L J A N B H A K N K A R X I E
B T R F P O C Z E D S P P B H
E V X O C N S S D C C H J Q C
D P Q T M X A X G C Z R I A E
A G Q D X G Y J W R X G I D R
A J Q O J Z B Q C W I G N O C
A H D O N N J E A G Z I V F F
R A Z V A H M V Z X P W U B M
```

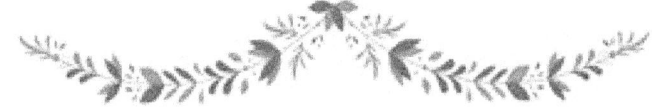

- CHIMNEY   - DECORATE
- CHRISTMAS   - DISPLAY
- COAL   - FIR
- CRECHE   - FRUITCAKE

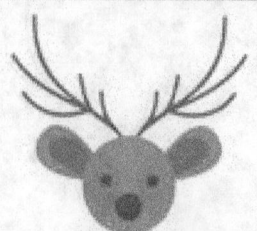
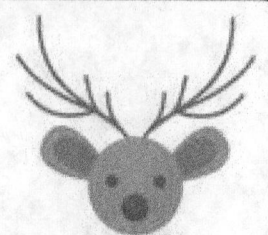

```
C P Z W S Y B H G L B L N R H
Z I I D R T O S S O T O A B B
G N D T J I O D M N M W K R L
X N W E W R T L M S W D L Y V
F M I E R A S O H E R R G X E
L H W L I H A M L V Z Q K F U
S Z D D O C P D O U E N V D A
S J N G Y R N D Z T F O J Q P
O C O Q X A A V J R Y Q N O K
J N P P C B U C V V Y O J Y M
I F J Q Z D B L E X A Y R S Z
E E Y C C L L B J C J V T F Q
T A O O L W L G M N F B I U M
G L S S J V W O B Q C H I L L
D F N T A W L N F E Y Y M B O
```

- BOOTS
- BOW
- CANDLE
- CAROLING
- CHARITY
- CHILL
- CIDER
- COLD

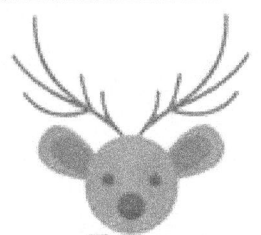
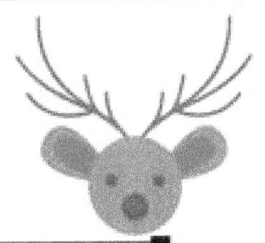

```
B L R W B N O P Z H G N X H Z
O D B J Y B O E J C D X U K X
U Q E L C H E T N I A S A F J
G P D L S F L L J A I C N I G
H X S K S E P M L I N G U V C
V O R I L L Y Q H S U O H C G
P O Y X Q J D I U X Y A Q Z I
W D K I N H H A M K C G Z I G
H R E D O L I N S W E A T E R
G D I K W J L B K R Z D H A J
I A E A S C U Y V R L B P I S
Q Z Y C Q W P Q H U D Y T R F
Z F A X B A Y N S L Y Y H K B
X R S O L L L G N Z L N F A N
F A T B I V O Z M K L W E K I
```

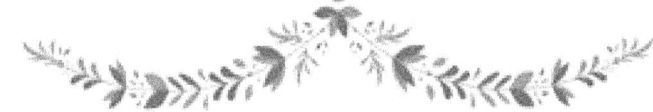

- SCARF   - BELLS
- SLED   - BOUGH
- SWEATER   - BOX
- WORKSHOP   - SAINT

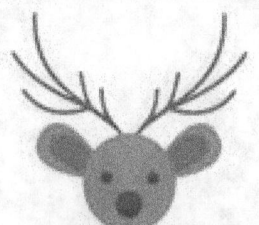
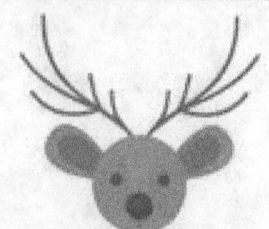

```
D G L R E D I Z S S X K Y I O
K E G J P C V E Q H K S E V H
J P S J I D V S R H N N U Q V
K S G C F L L V E O U I A J P
H T L O E P P I D L Q Y P H L
D E M J O F U P I I W M X Z T
A L I E I D F F C D B C Q Q W
L U F Y O J W V I A K G O T O
S W A M F Y J I V Y B W L L C
F H O B V N O E L D D F Z Z S
G S R J K G E S Y L A B R Q R
H W U H F S J F X T H O O V F
P I A H W K L I W D O J U P Q
A S M H O W X P A F U I Q G M
G I D G X S Z N P I N D N U U
```

- CIDER   - ICICLE
- ELVES   - JOYFUL
- GOODWILL   - NOEL
- HOLIDAY   - THANKS

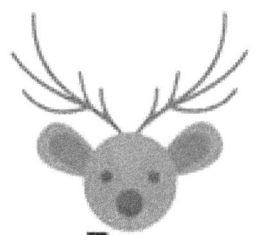
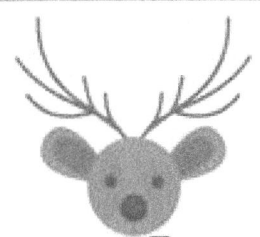

```
L G U Z T N A K C N L R E J S
P A O U B Y H M H E O B M U N
U O I E N A C D I E P R G G P
M I R C M K R S L R C A U E P
A J L B I A D Y L G R L N W R
S E L I Z F O N Y R I I B C N
C Z U Z K C I A O E W U I S U
E B I H Y E O T V V P W T K J
O L Y M O D E O R E E A M M W
B P U D D I N G K A B C C F H
E T N W D E L S I I V A M L E
F P G K P J Q O N Q E U N R Q
W N L B M Z B K D I P M B E J
J A X R H Y G O E Z H A B U T
J A Y G Z F X F Y D V Q M J X
```

- ARTIFICIAL   - CHILLY
- BLIZZARD   - COOKIE
- CANE   - EVERGREEN
- CAP   - PUDDING

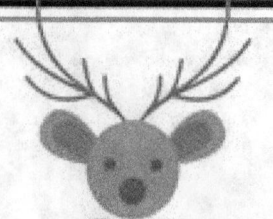
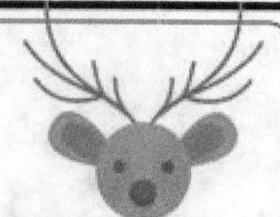

```
L T Q C D C T G N I K A B U J
F Z X T B R H C L S V P L B Y
A T V E Z G O I L D Z N E U X
O O W I P M F R L U V L S K F
K P M S F Z Z E L D V T I J E
B D E O G T D R I M R Q N R I
U W R E A Z B X G L F E G C X
A T L J M M O S Y Y E V N A R
Z G J C S Q B T Q H Z B Q H U
C L S R G C N G J Q Q A D K F
X U E T C A L E N D A R V N Q
I Y V X P H T T R K K T V R Q
H A O A E H O I Y H Q R D C H
Y T L A I O F E R J I H C D P
I U C U N A R M K S S J H R F
```

- AWE   - CALENDAR
- BAKING   - CHILDREN
- BELIEF   - CLOVES
- BLESING   - COMFORT

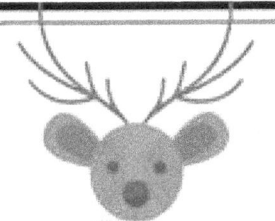
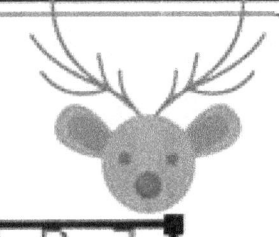

```
G A A X E C A E B M O Y U P J
Z N H D L H U Y G E S J O N B
S R I D C E X L X D I A Z N B
Z R Q N A E O I W L R C A S H
U I V G R R M O T O A F H O A
Z N N X I O R T M N W X M D T
G W D K M C M A K J B Z G M Z
M B M D Y X A E A M L A L Q Y
W E W E M N N F Q R N J Z F D
B U A J H X H X U G A V C O U
W E D B P R L F B U Q H C F Z
Q M A E E X Y Y U U M B J O W
W E M U I F E V R G Y S M X J
T P Z A T G Z G B U F F E T E
M S B W F Y F T L Y A D Q T C
```

- AROMA   - CROWDS
- BEAUTY   - DAY
- BUFFET   - MIRACLE
- CHEER   - MORNING

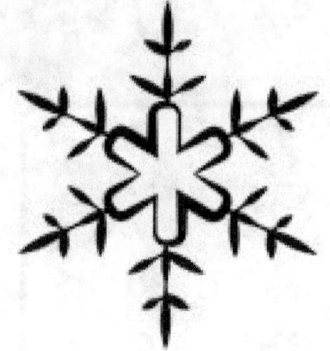 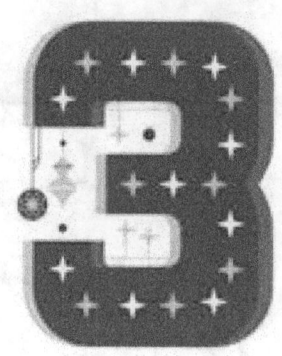 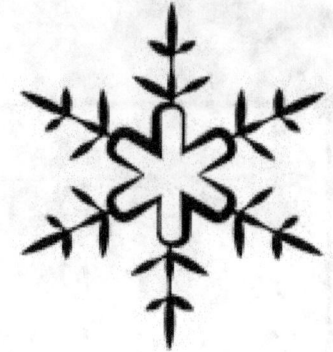

-Sudokus

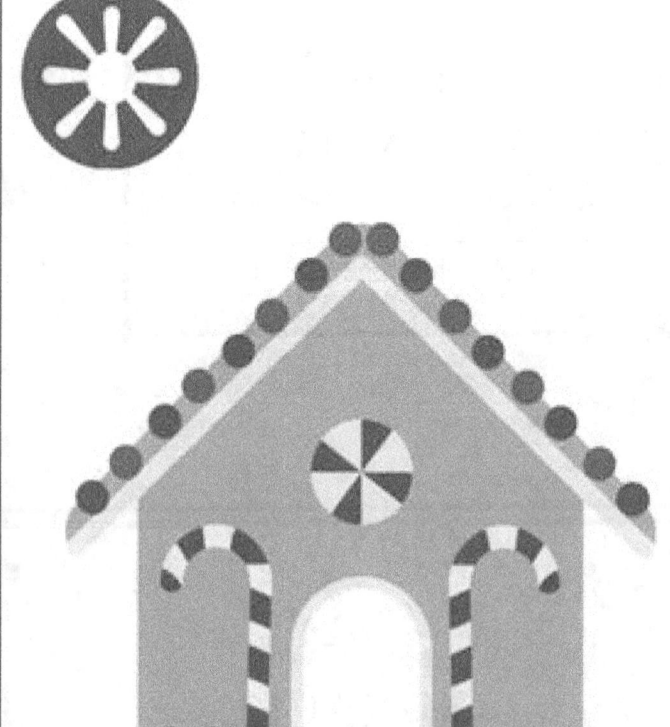
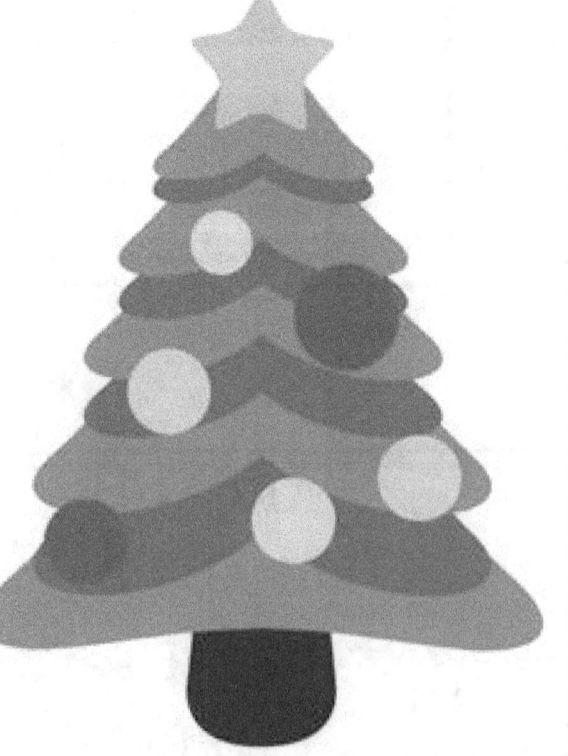

Sudoku (medium):

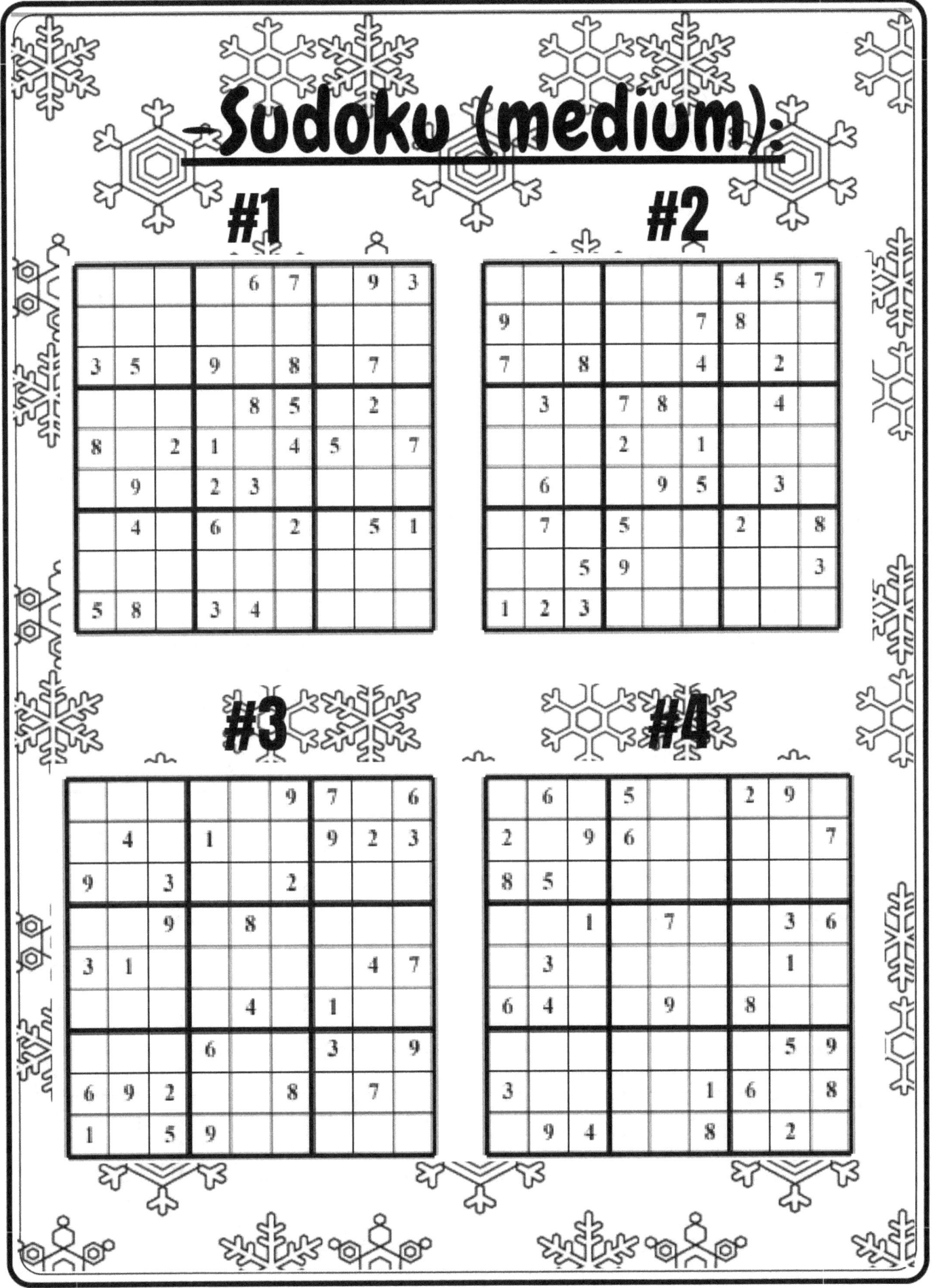

Sudoku (medium):

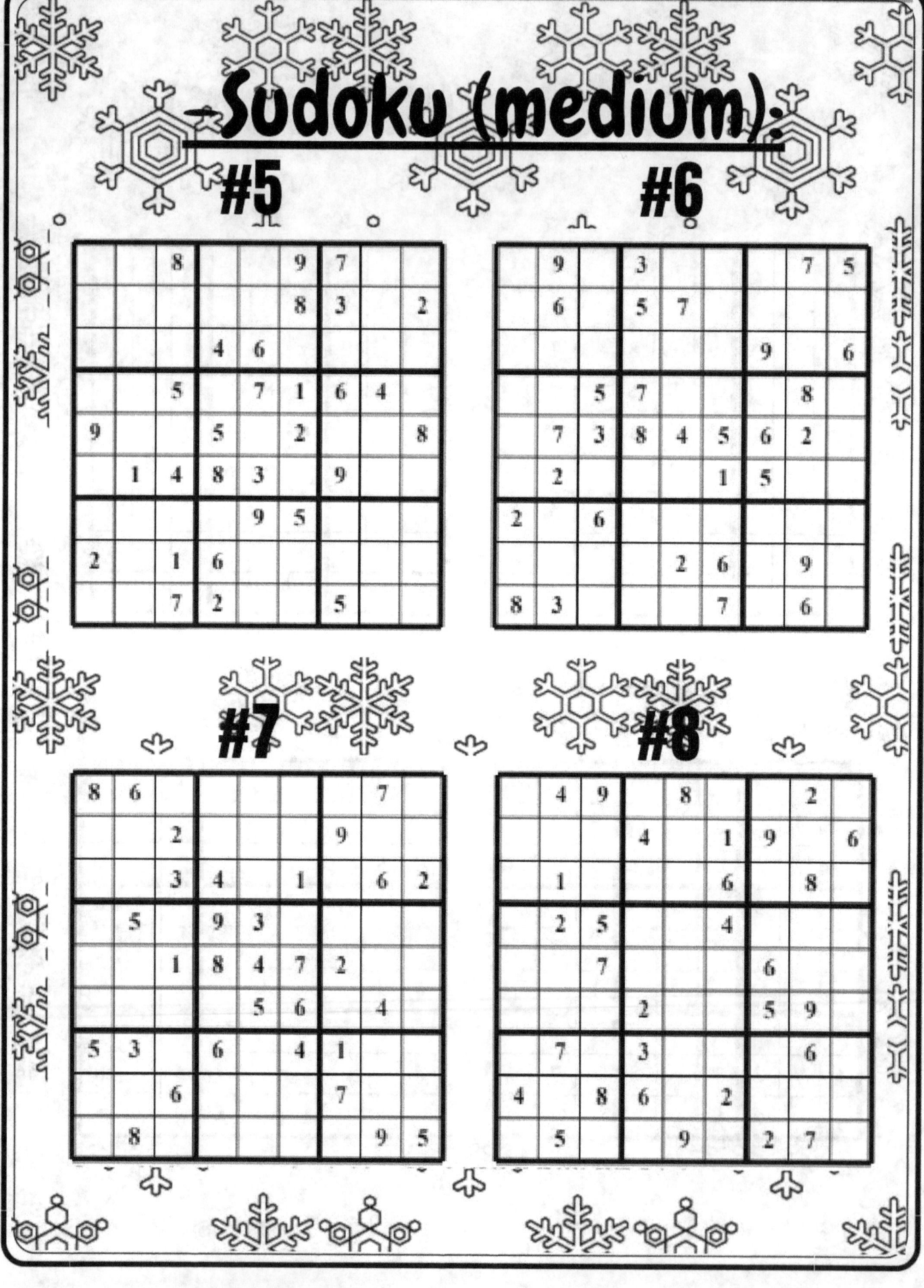

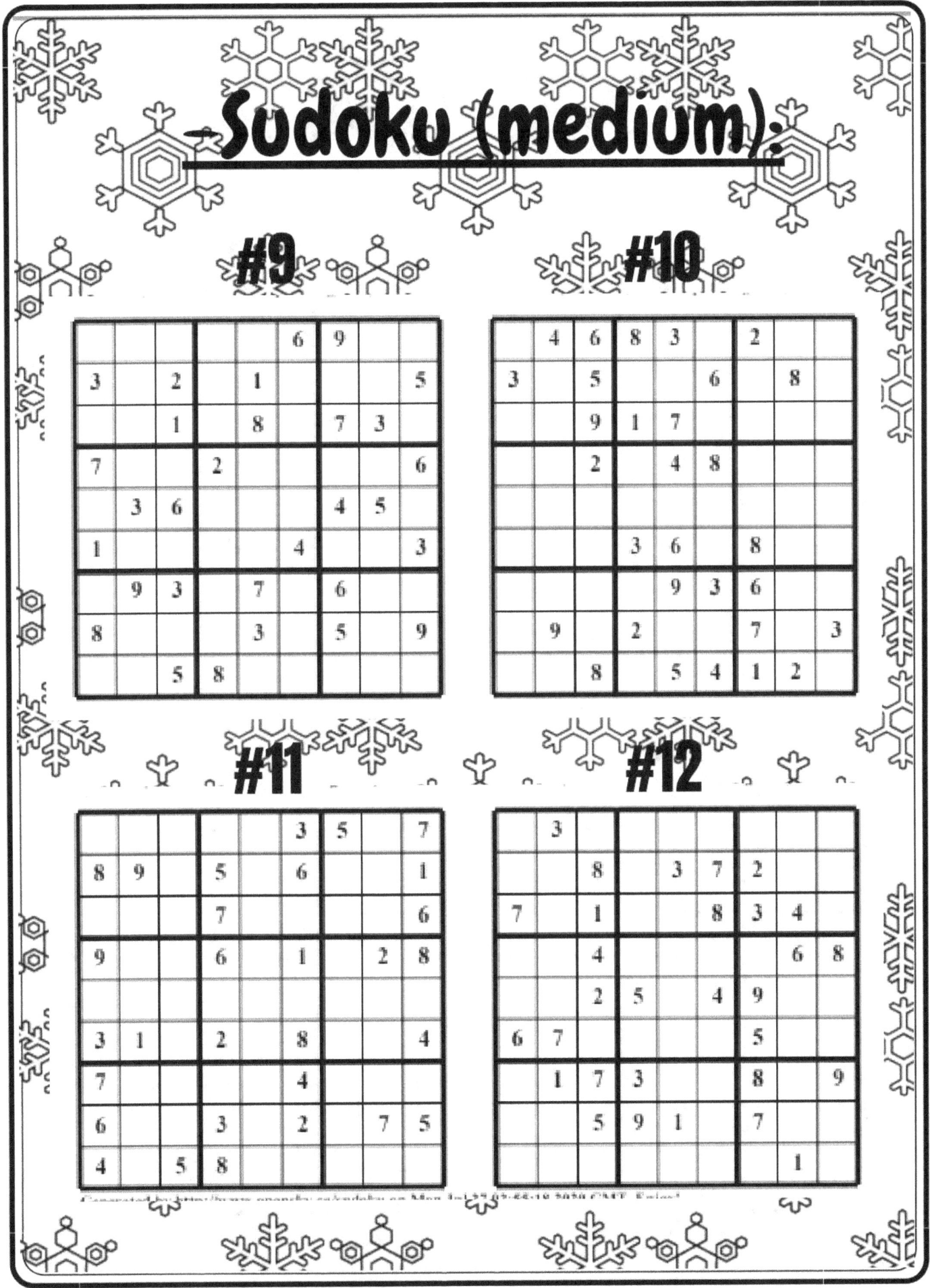

Sudoku (medium):

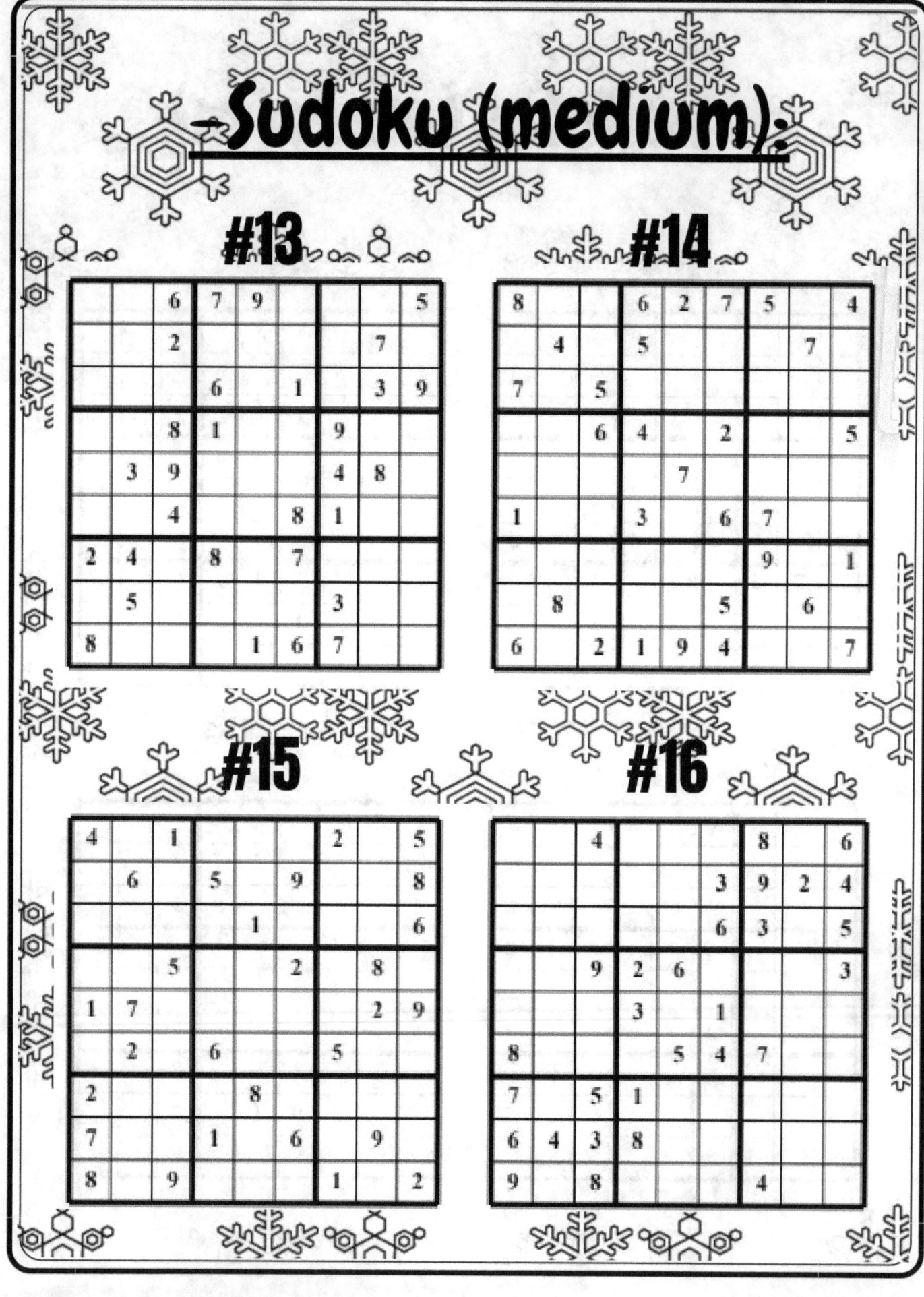

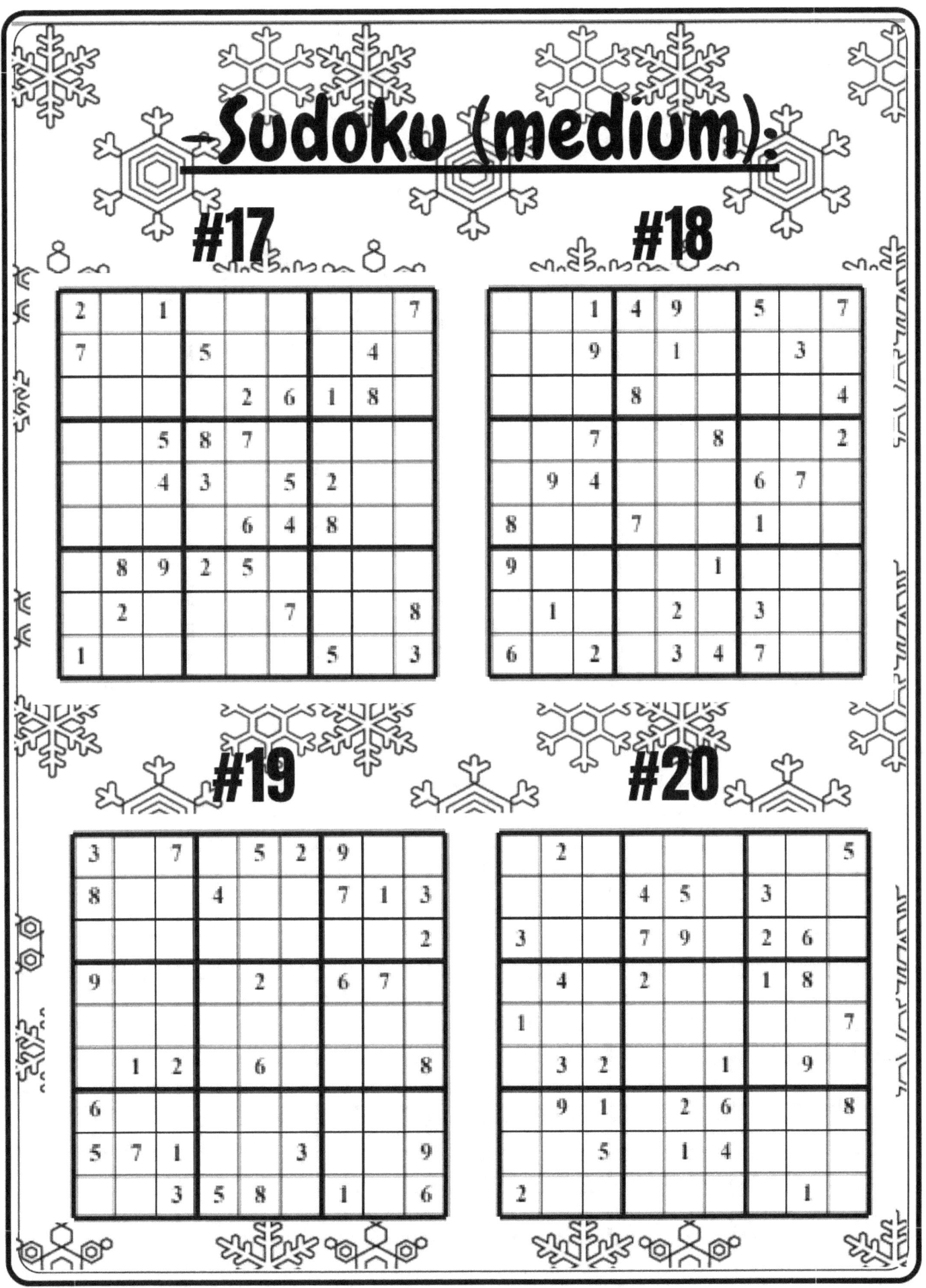

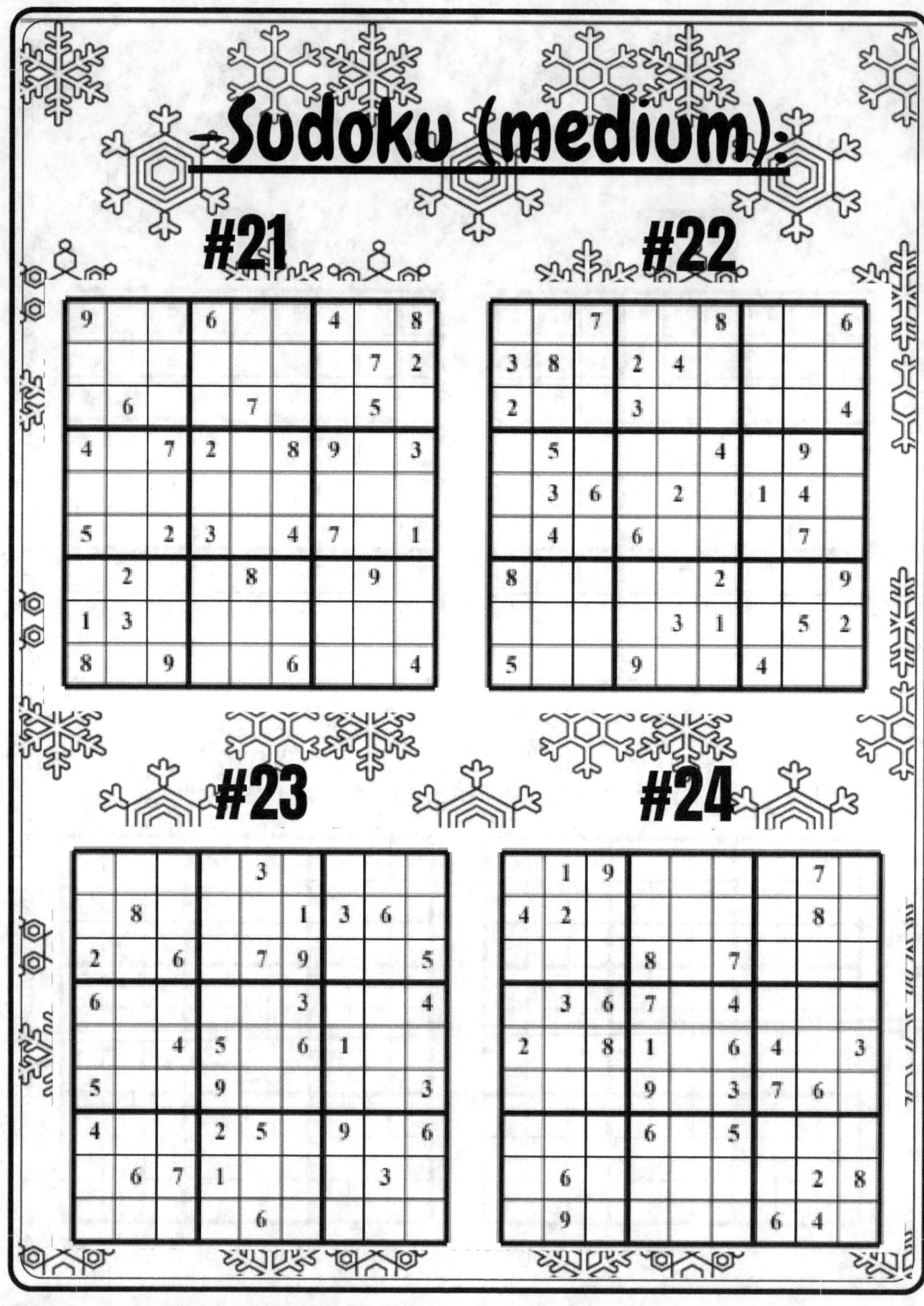

Sudoku (medium):

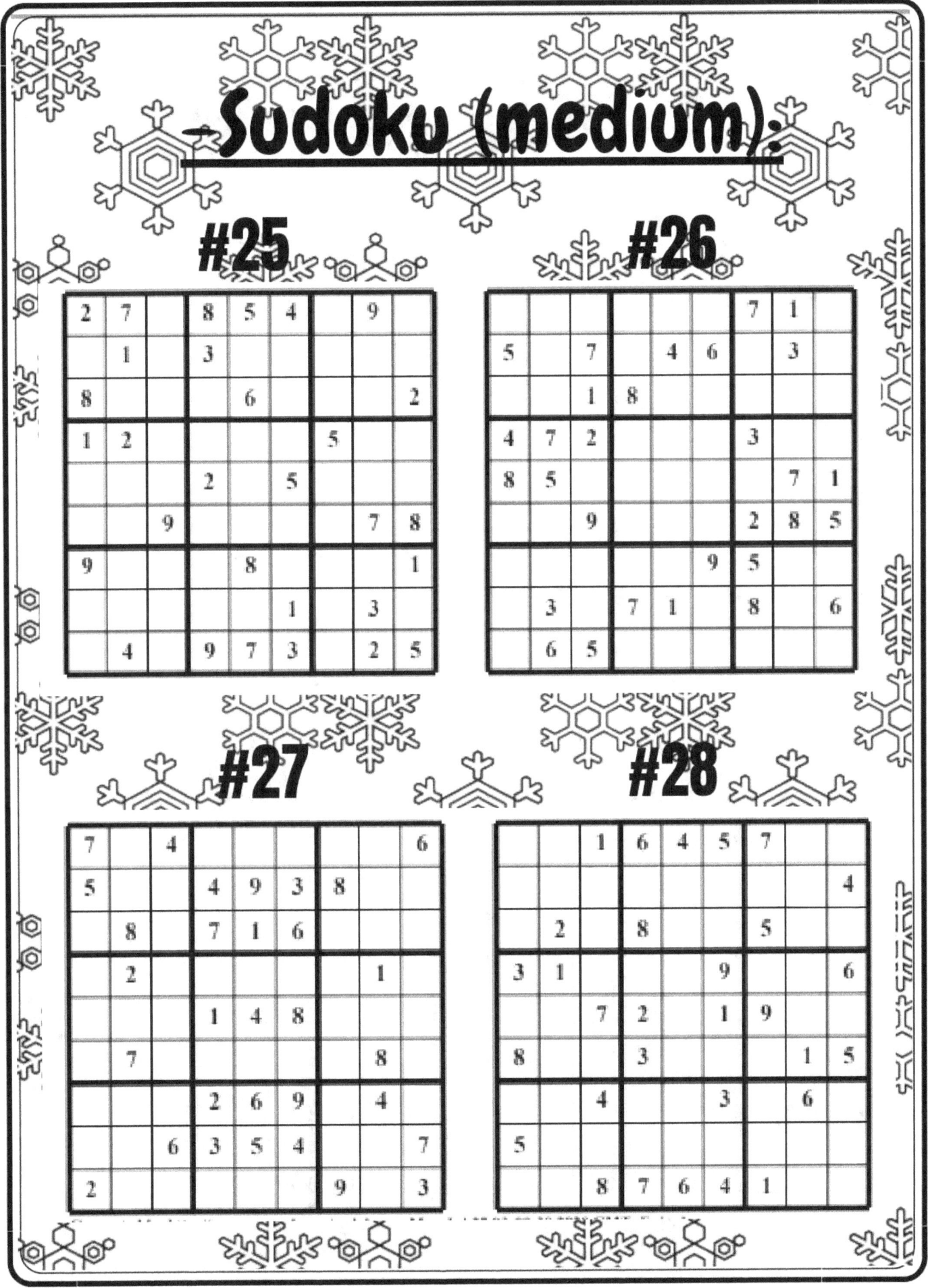

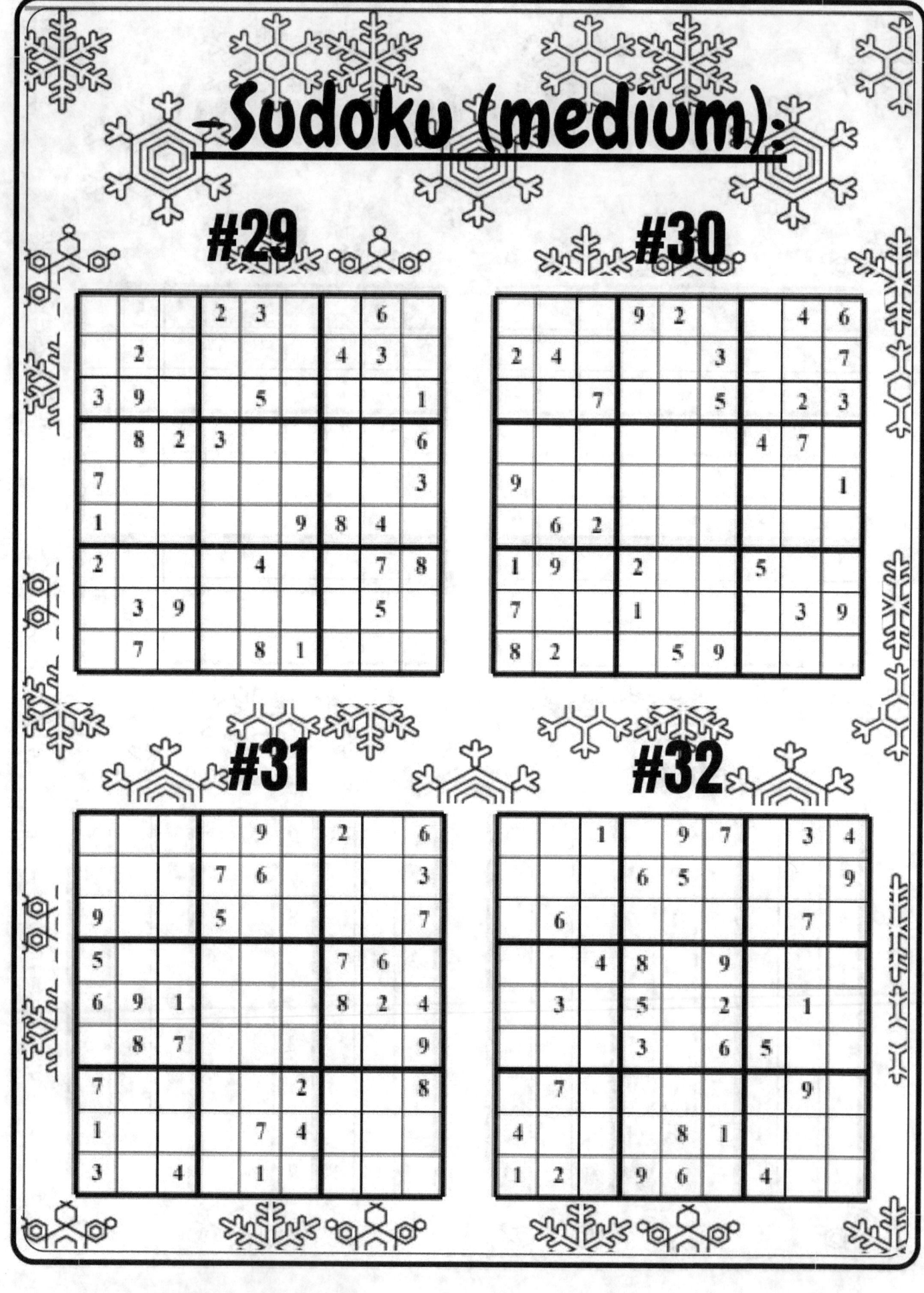

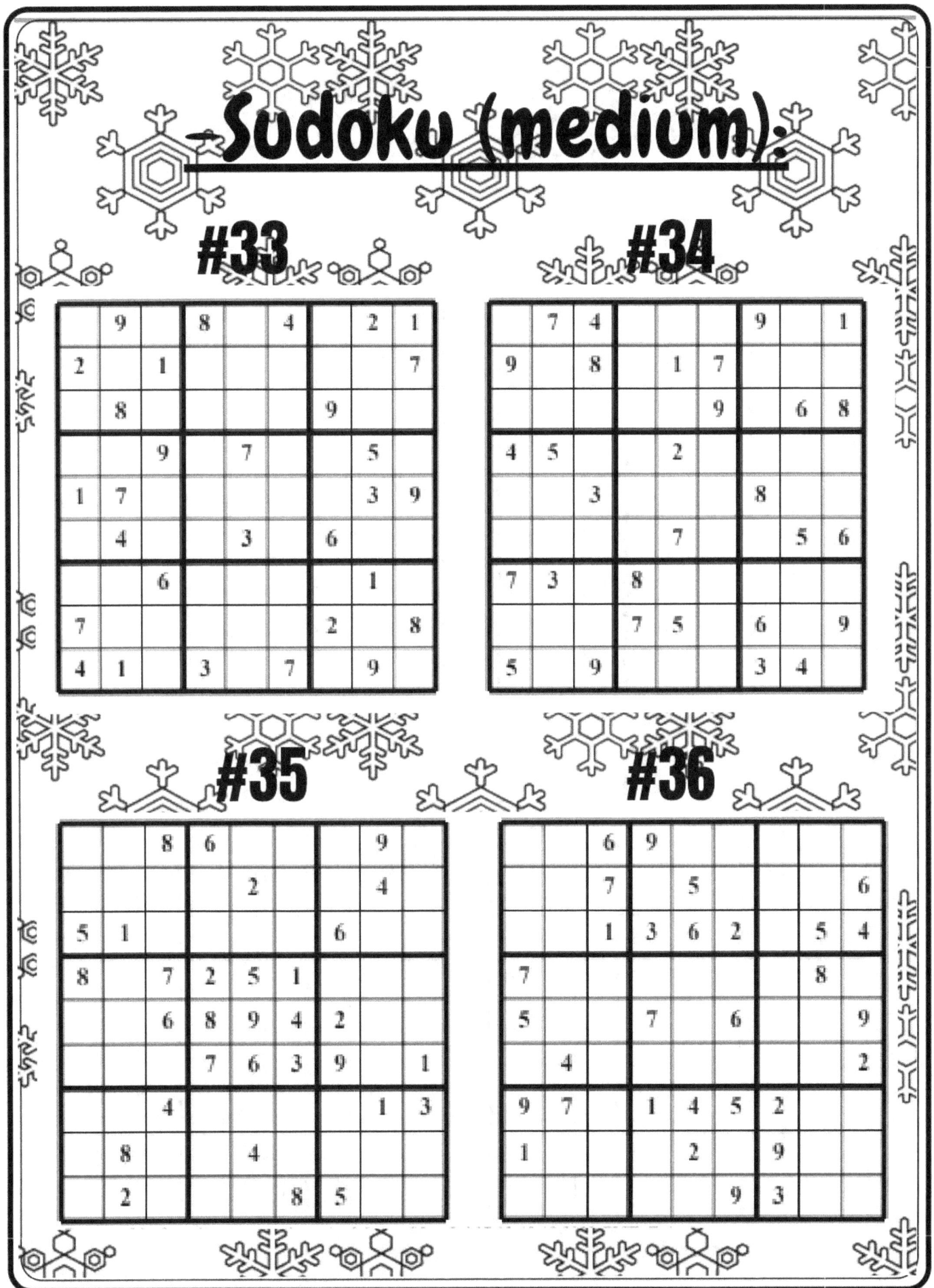

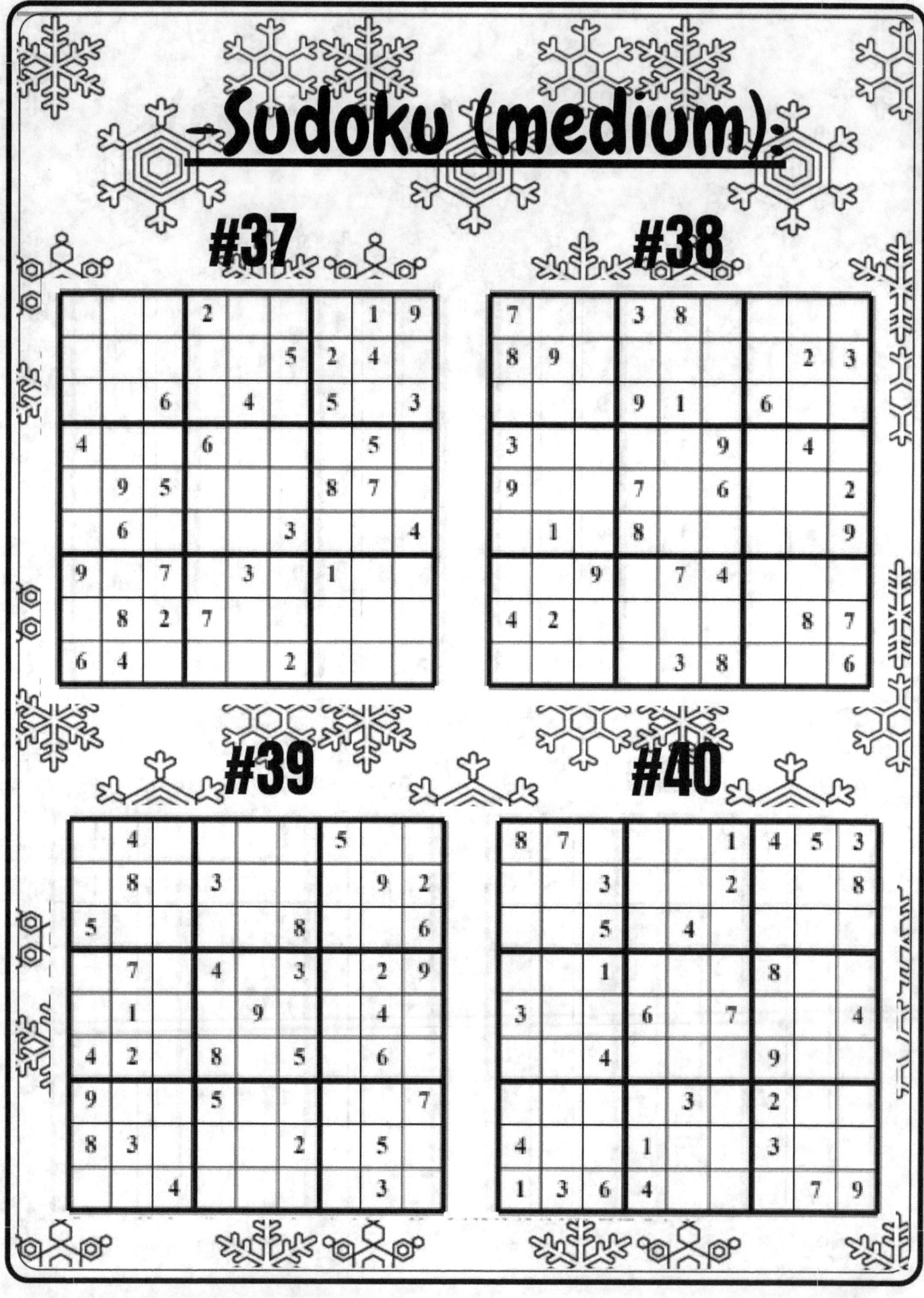

 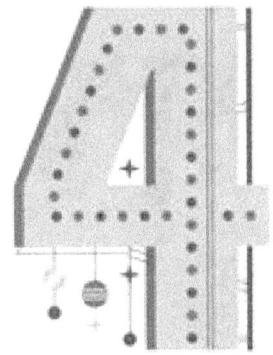 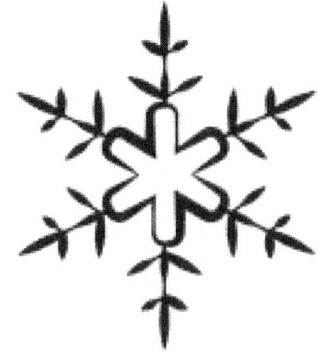

-Mazes

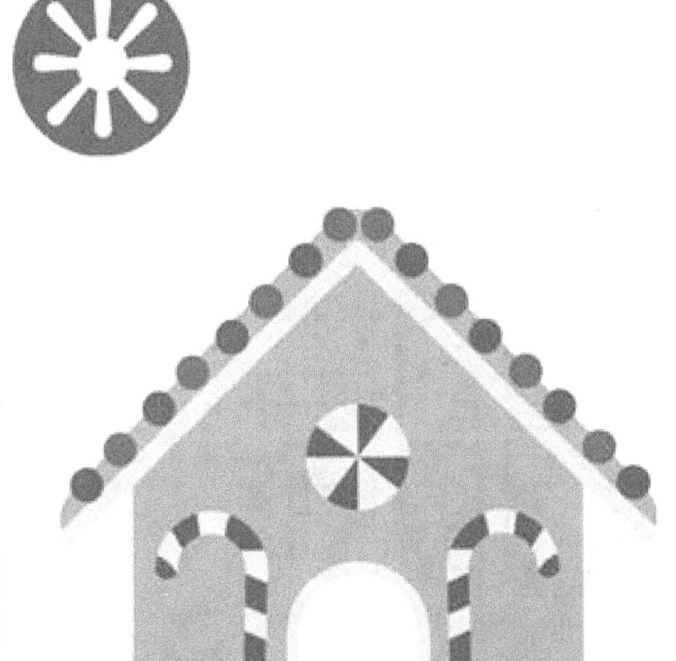 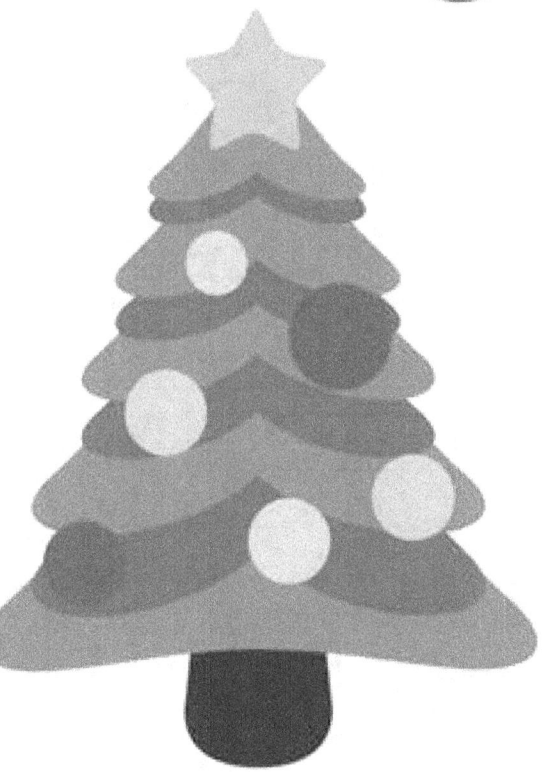

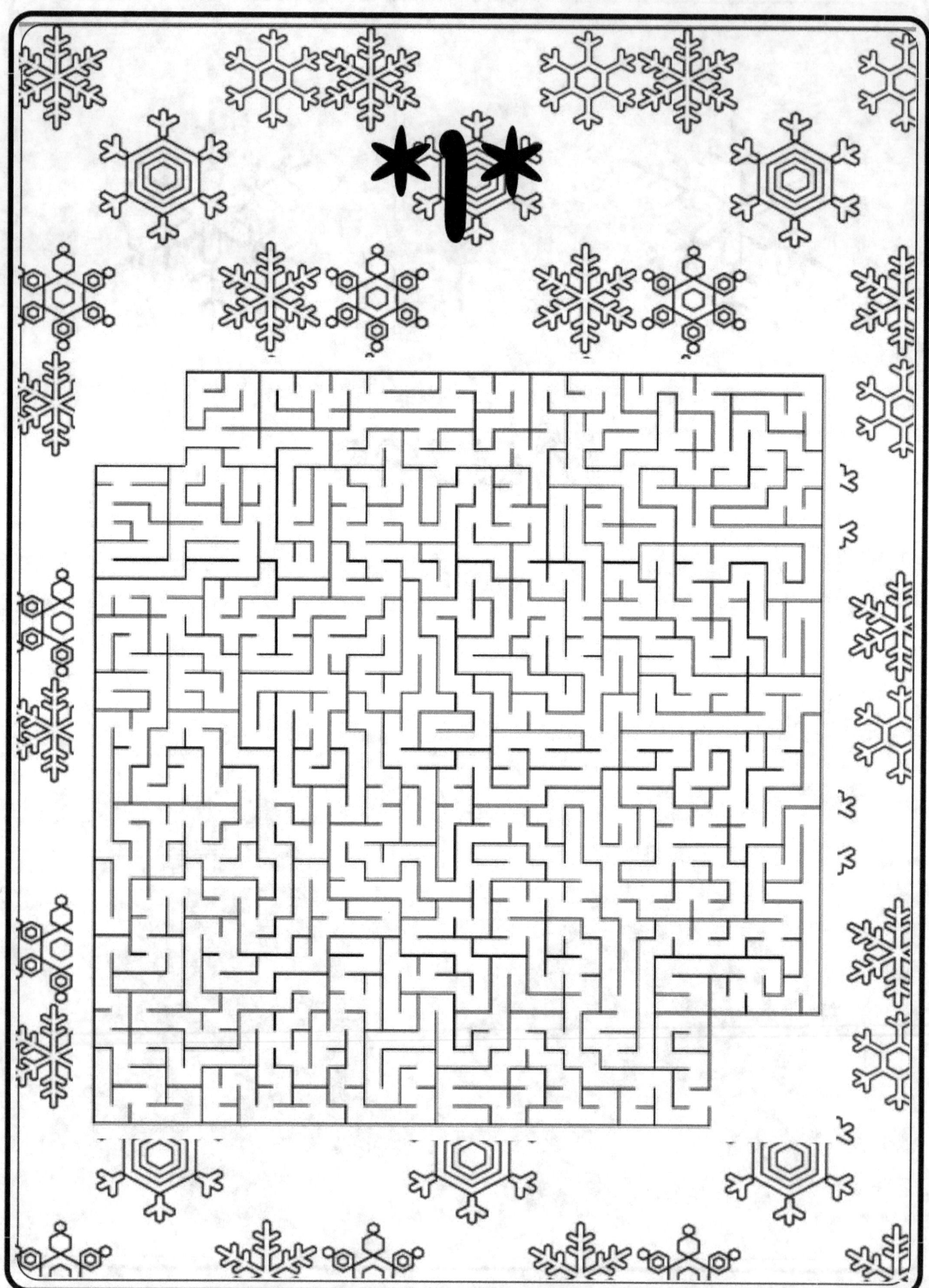

2

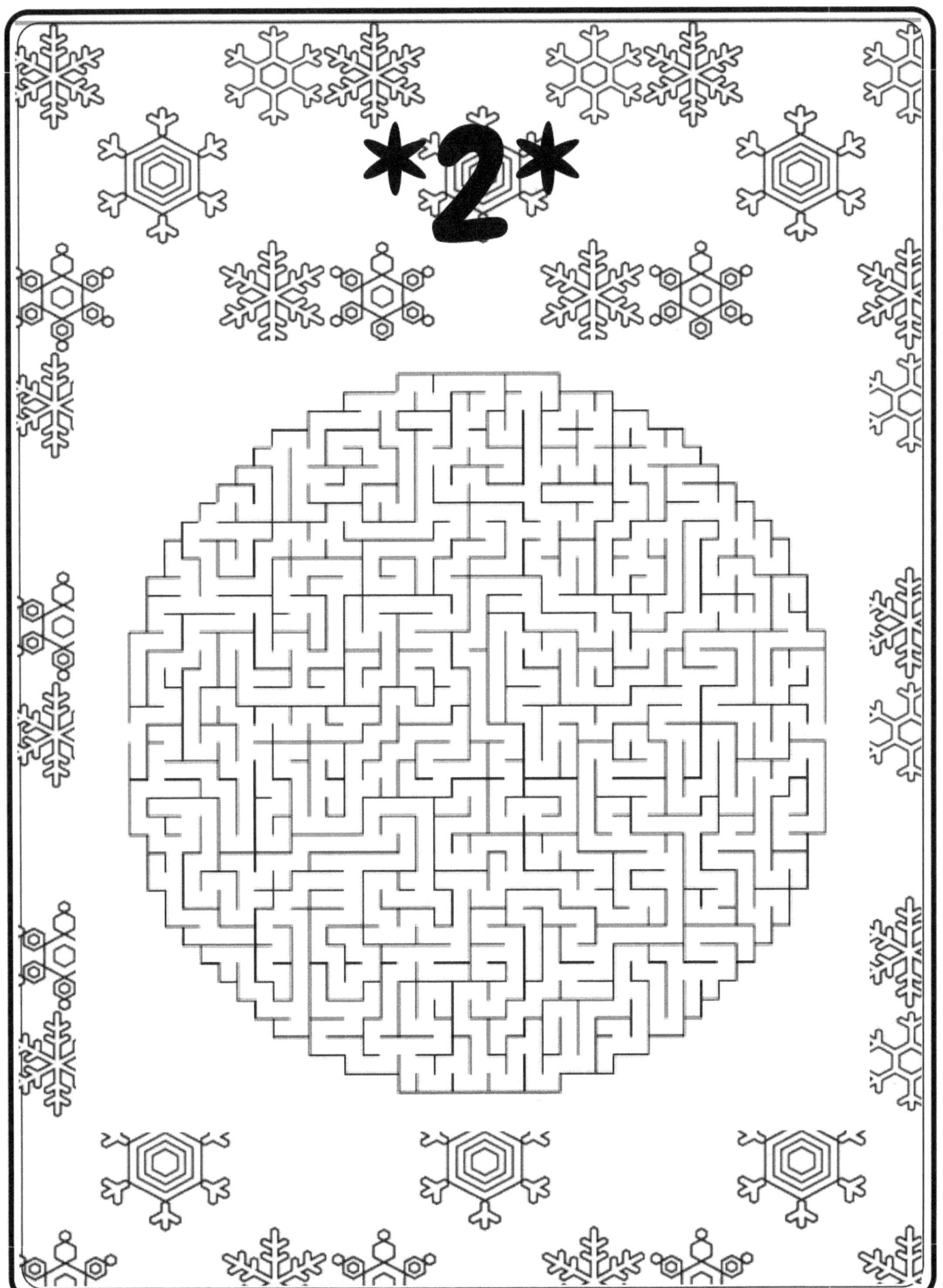

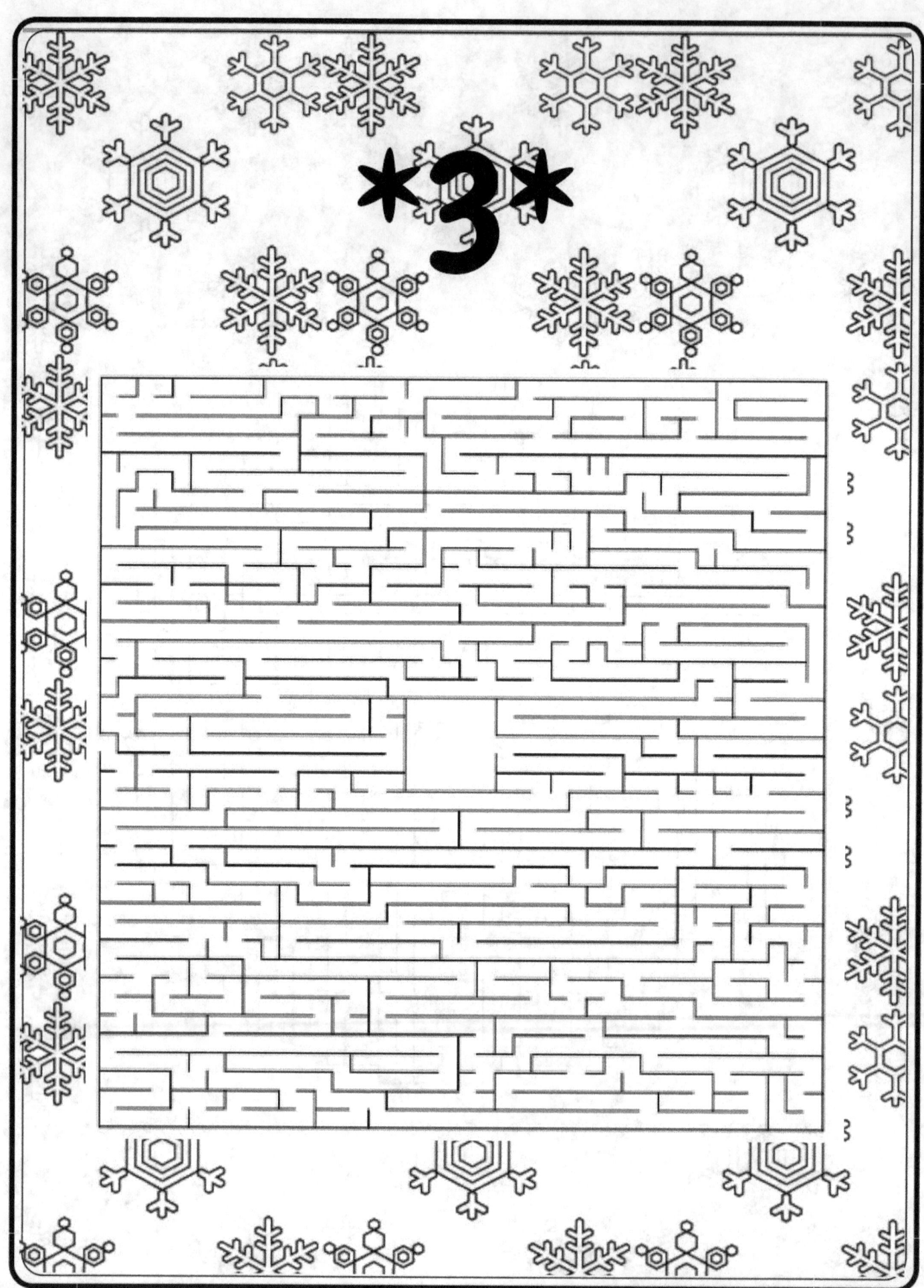

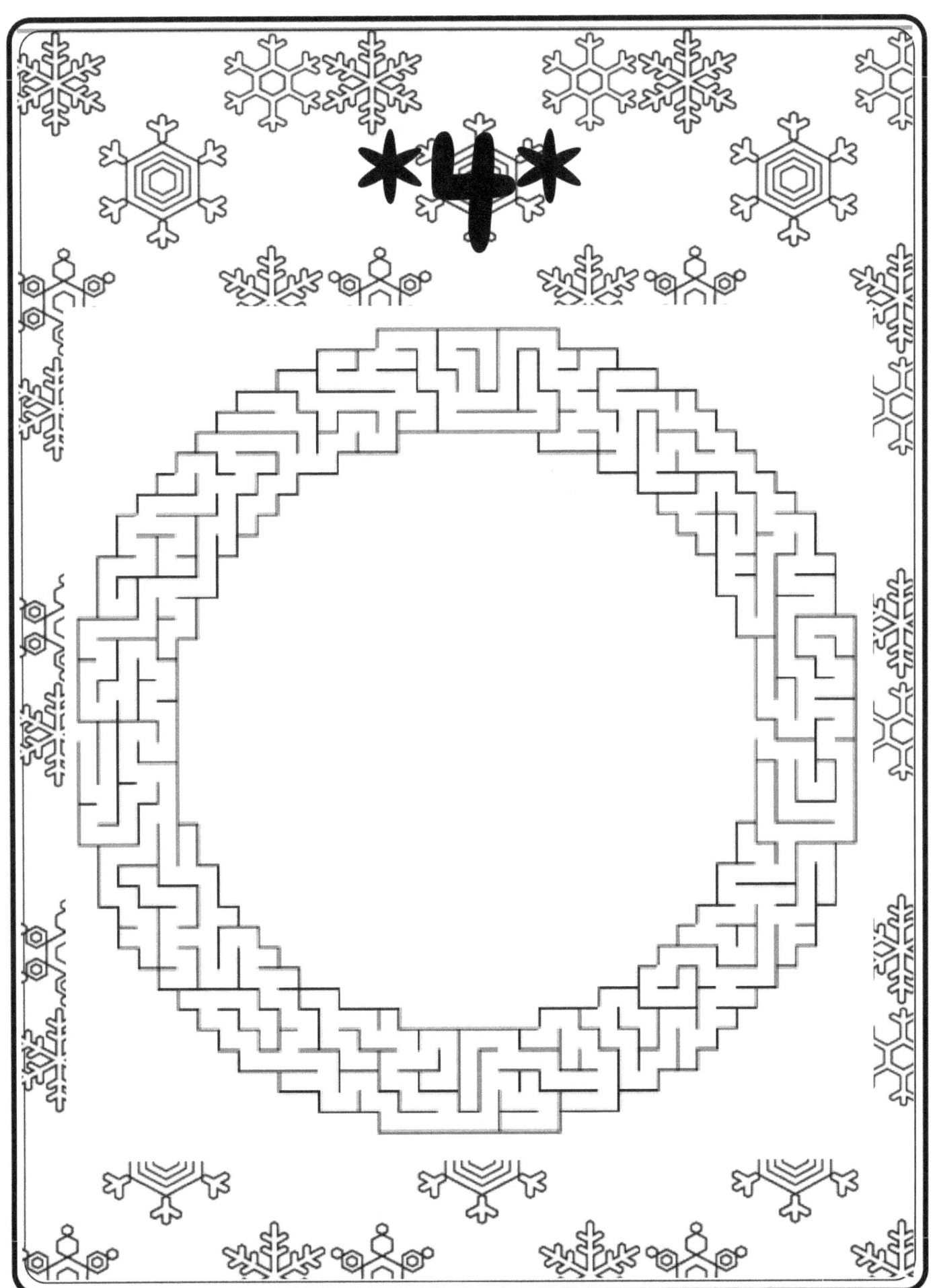

5

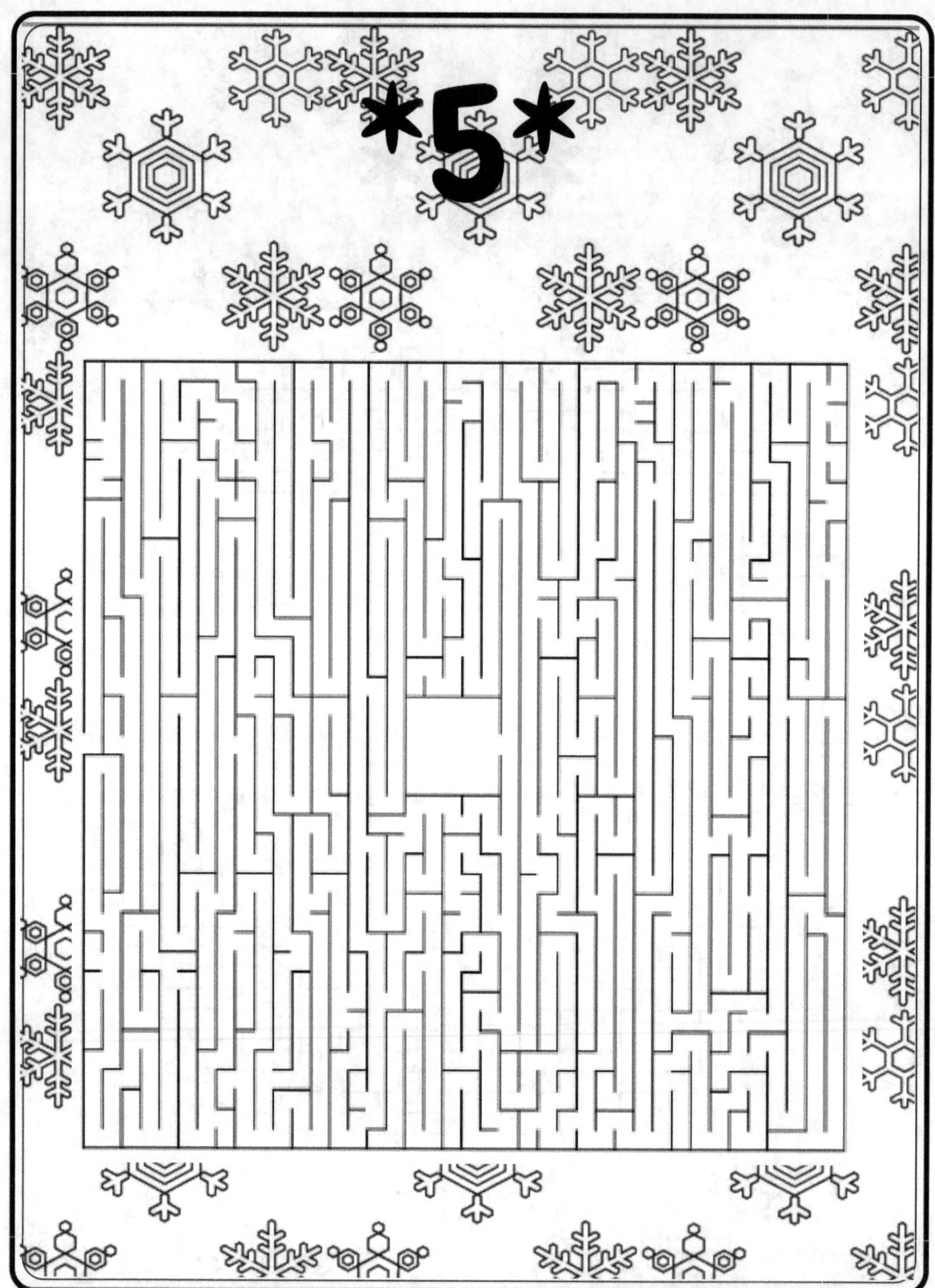

6

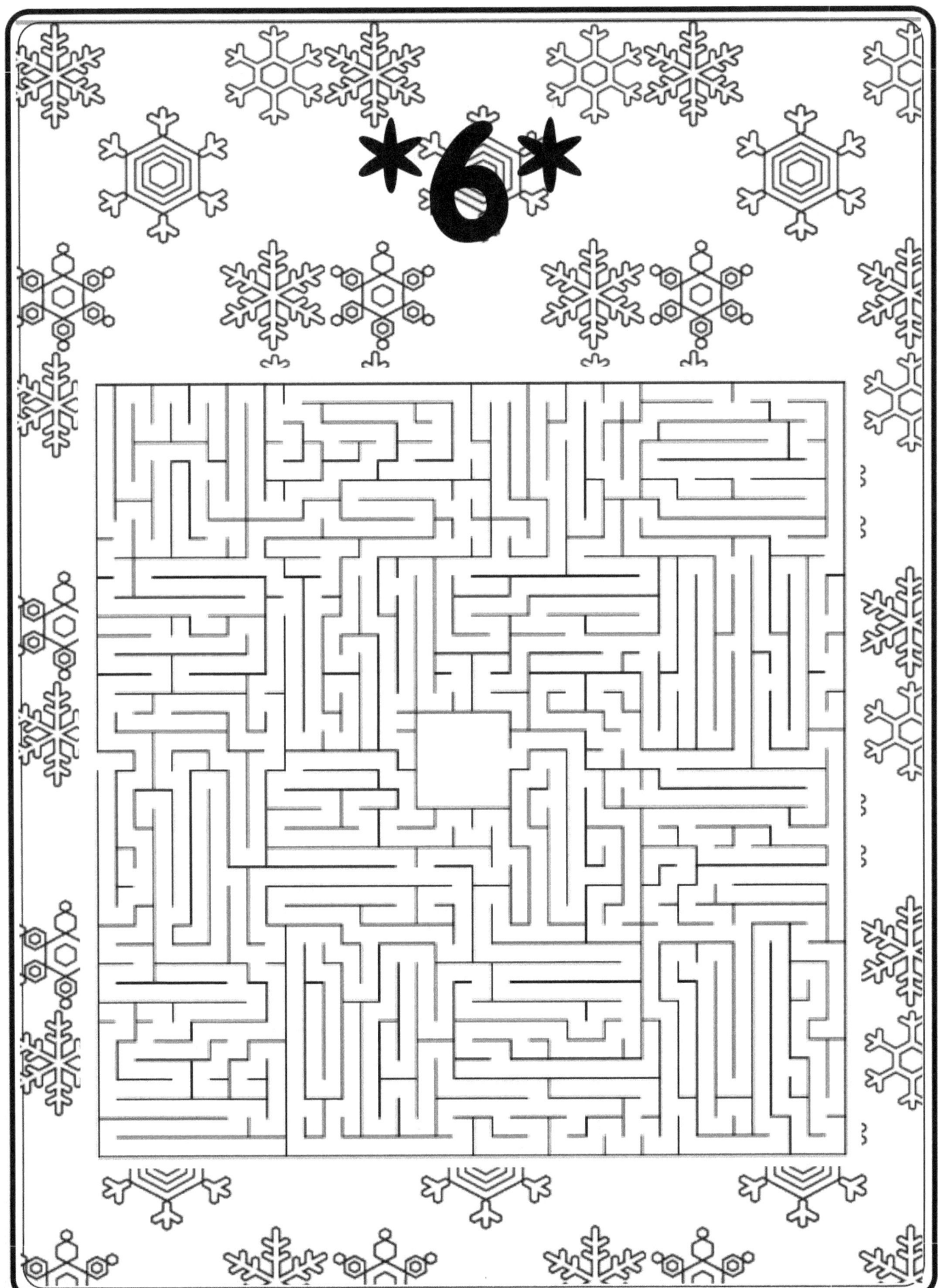

7
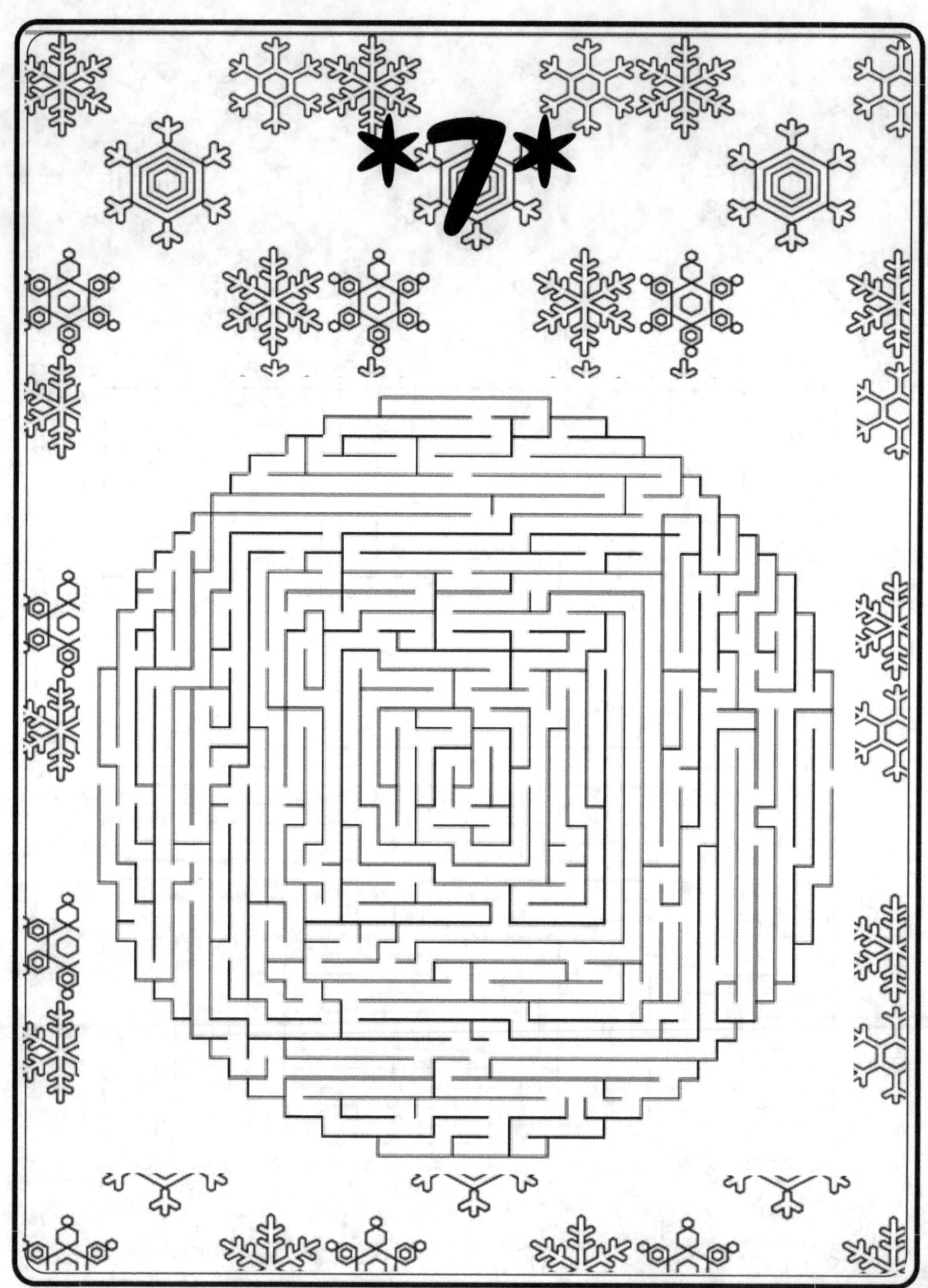

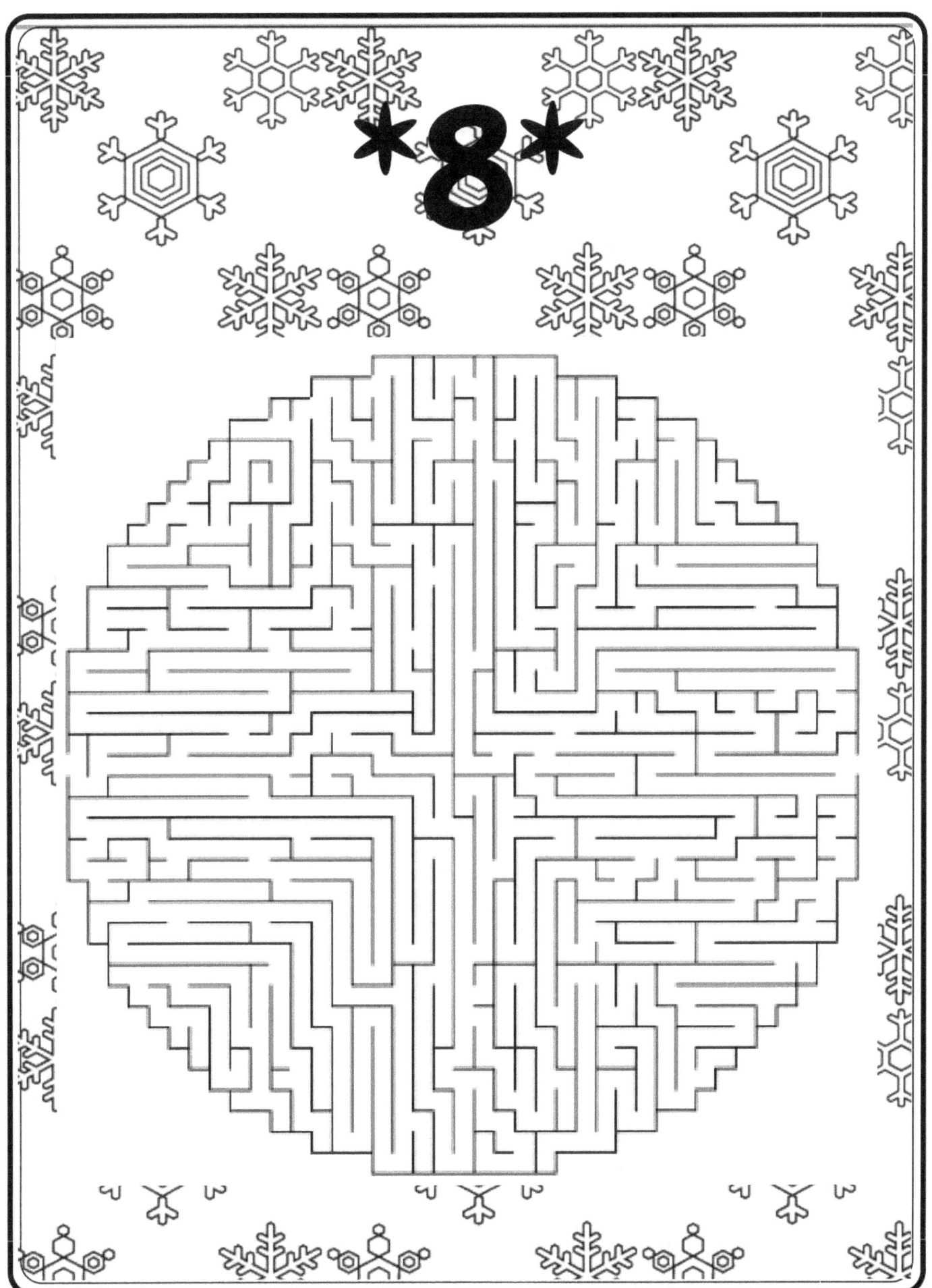

9

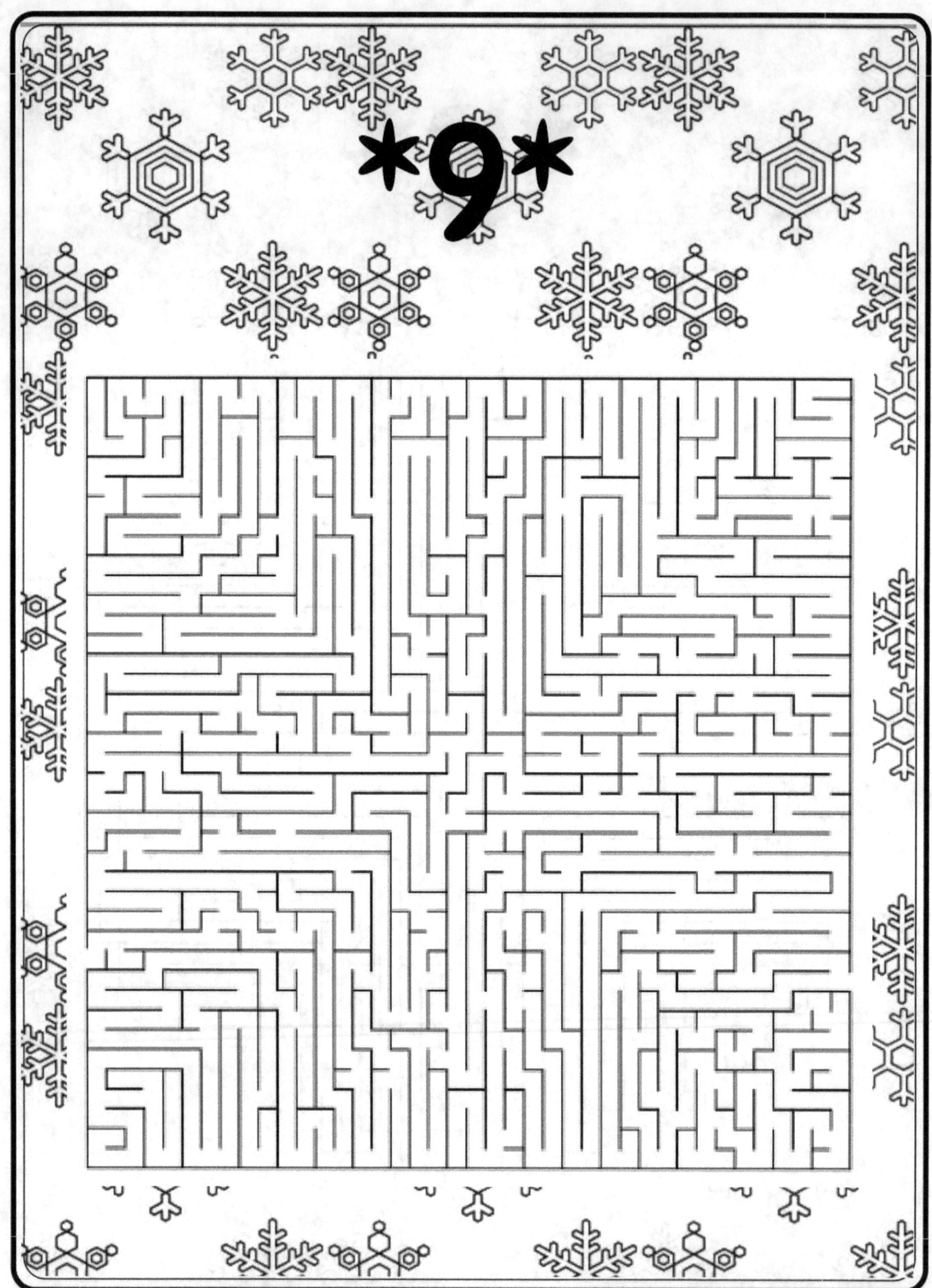

10

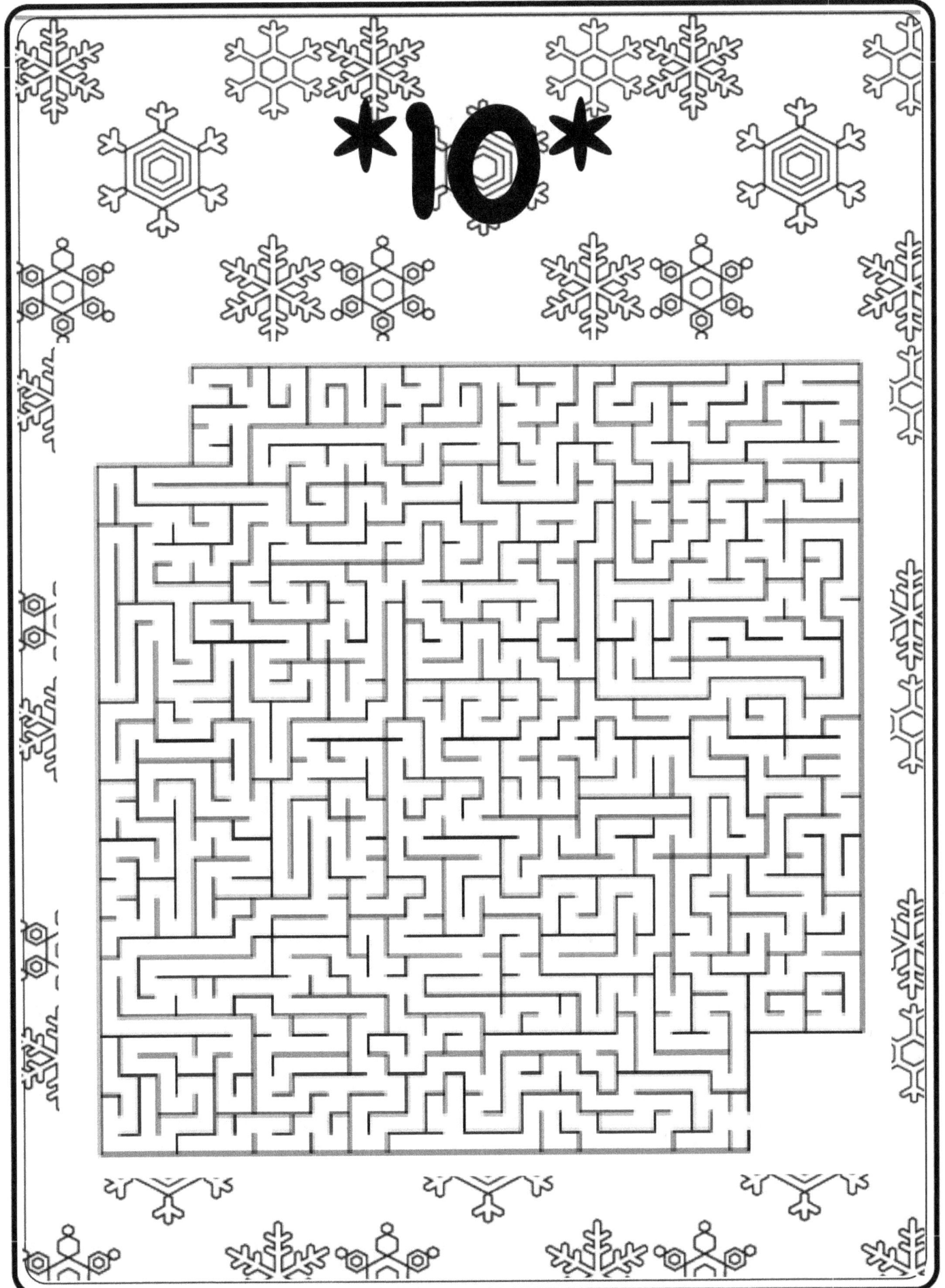

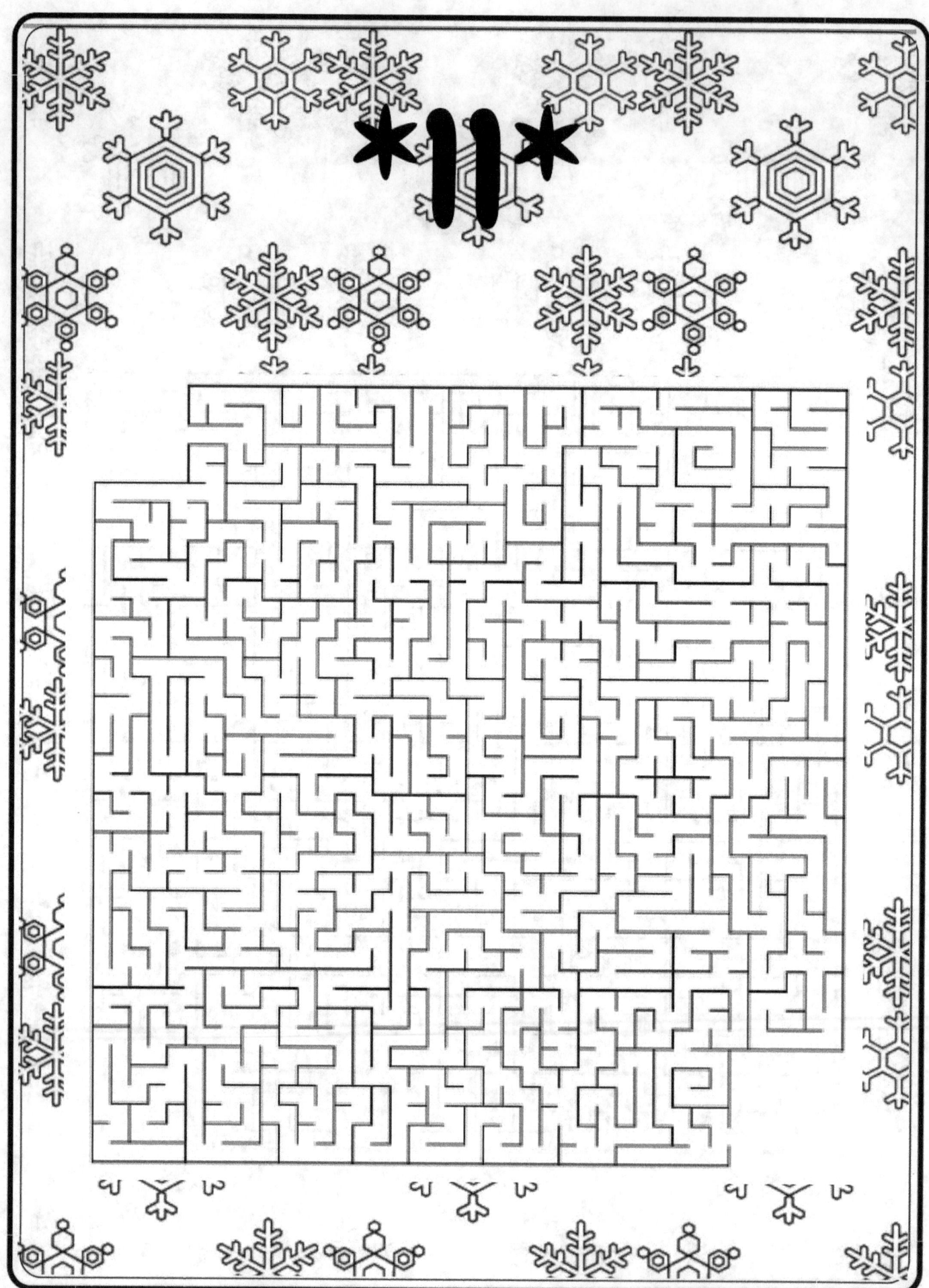

12

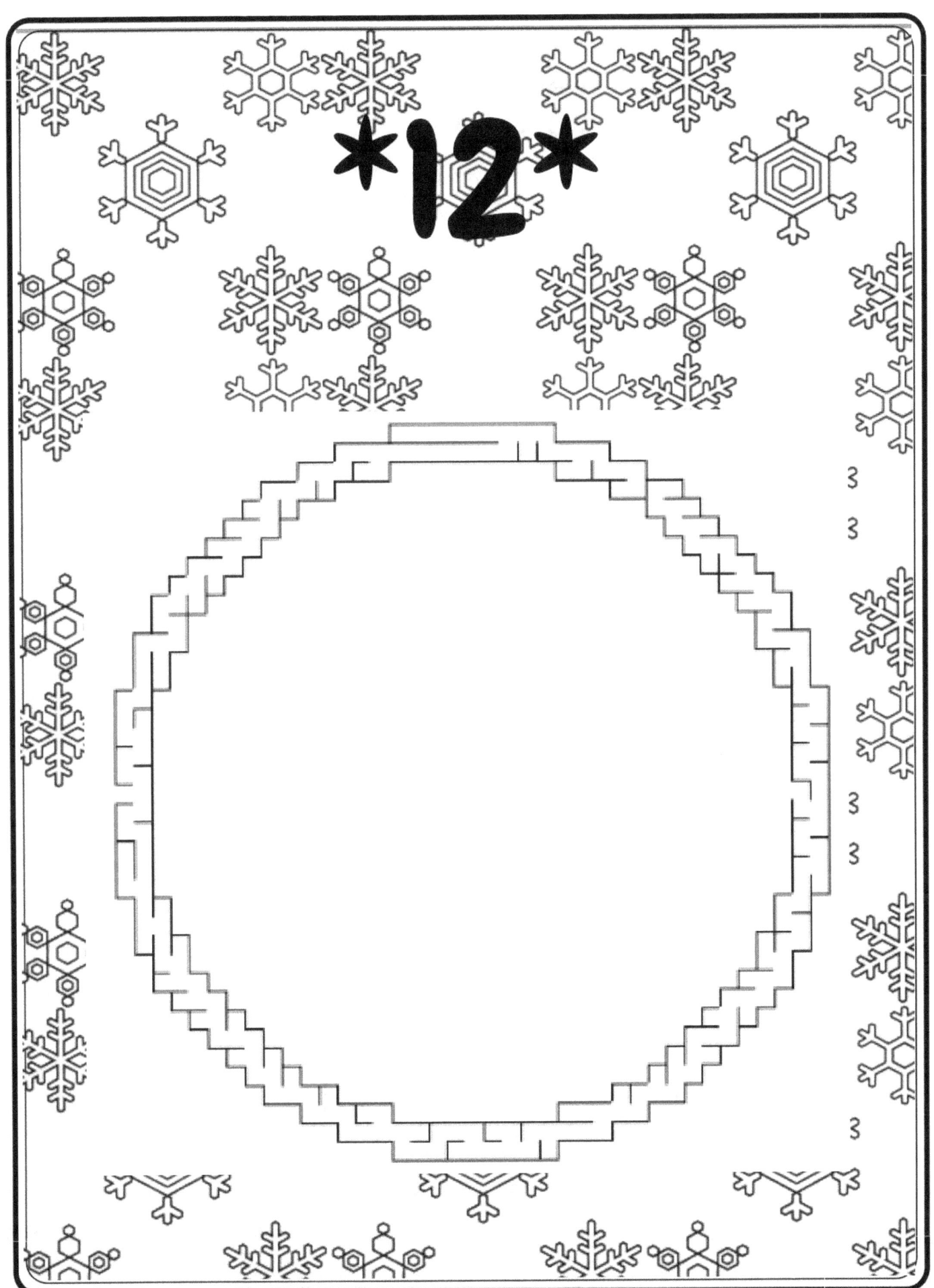

13

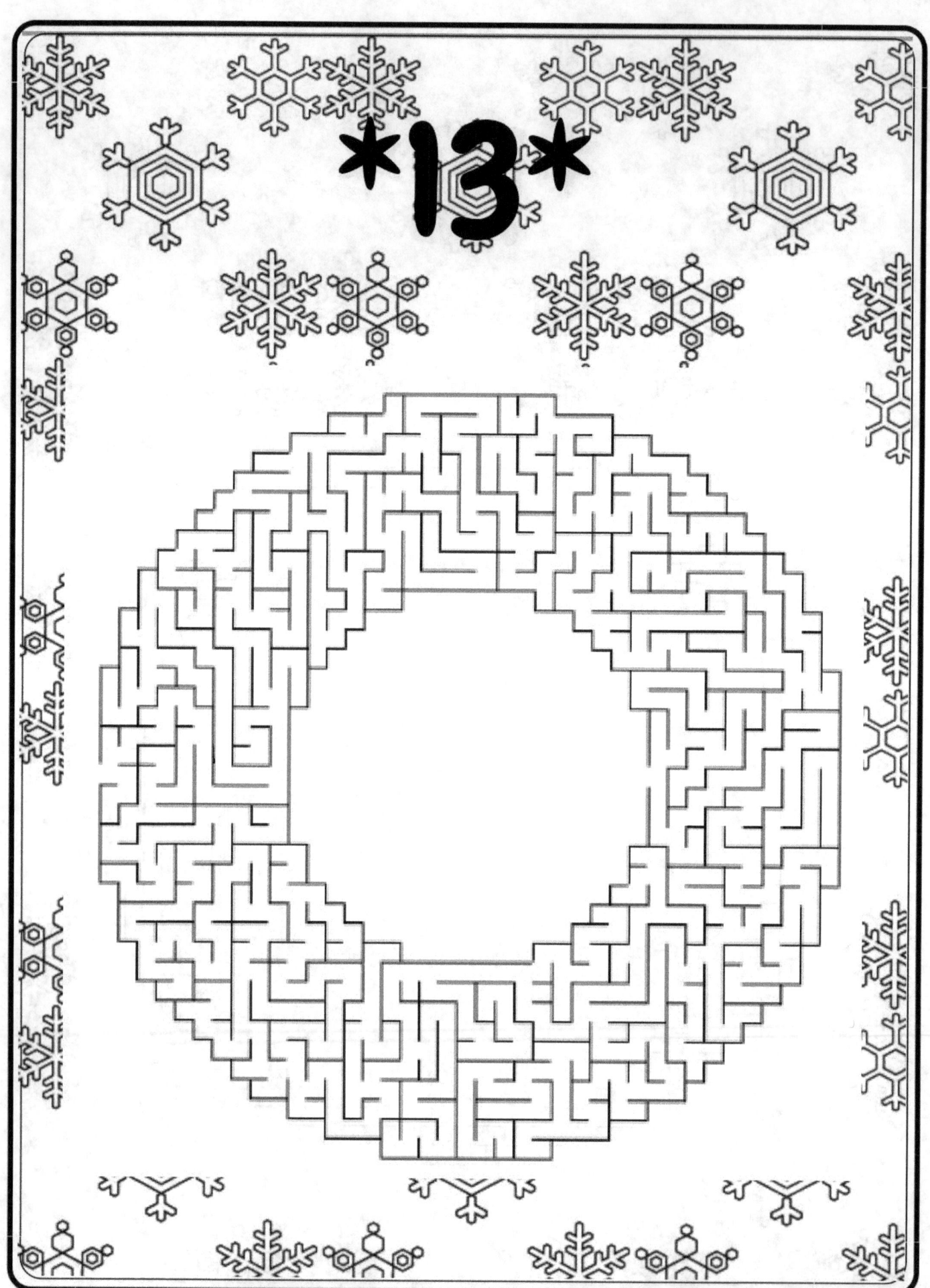

14

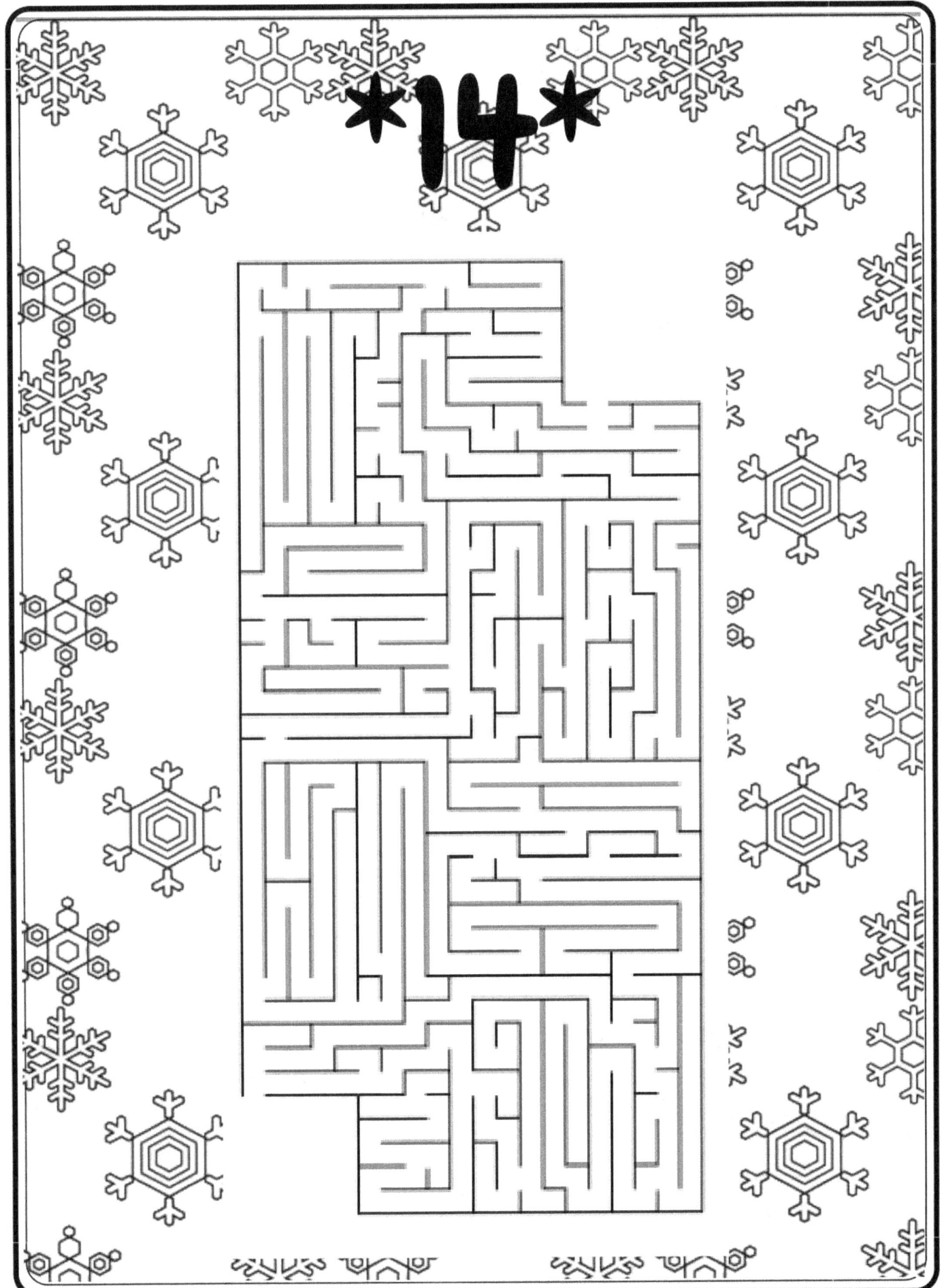

15
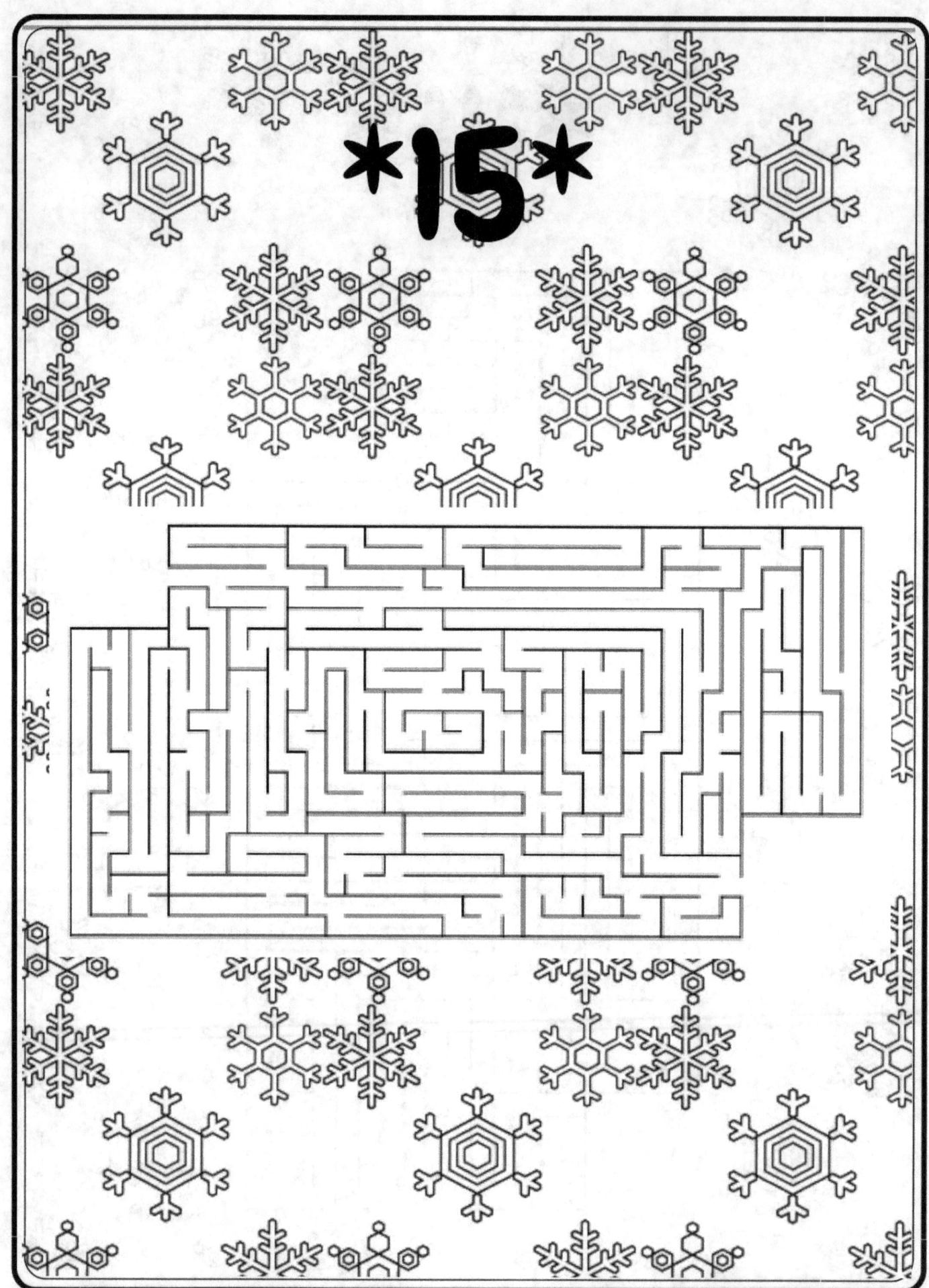

16

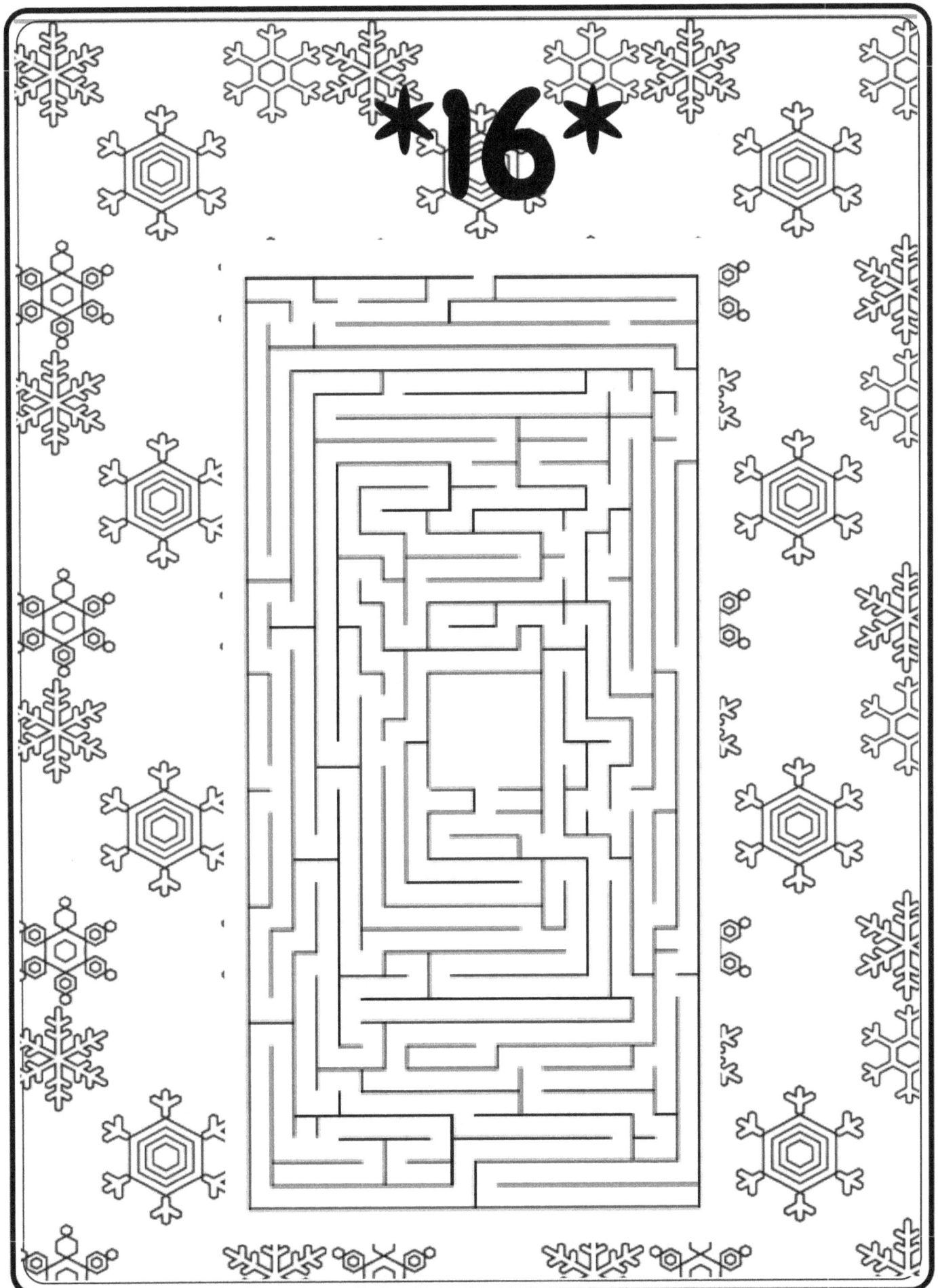

17

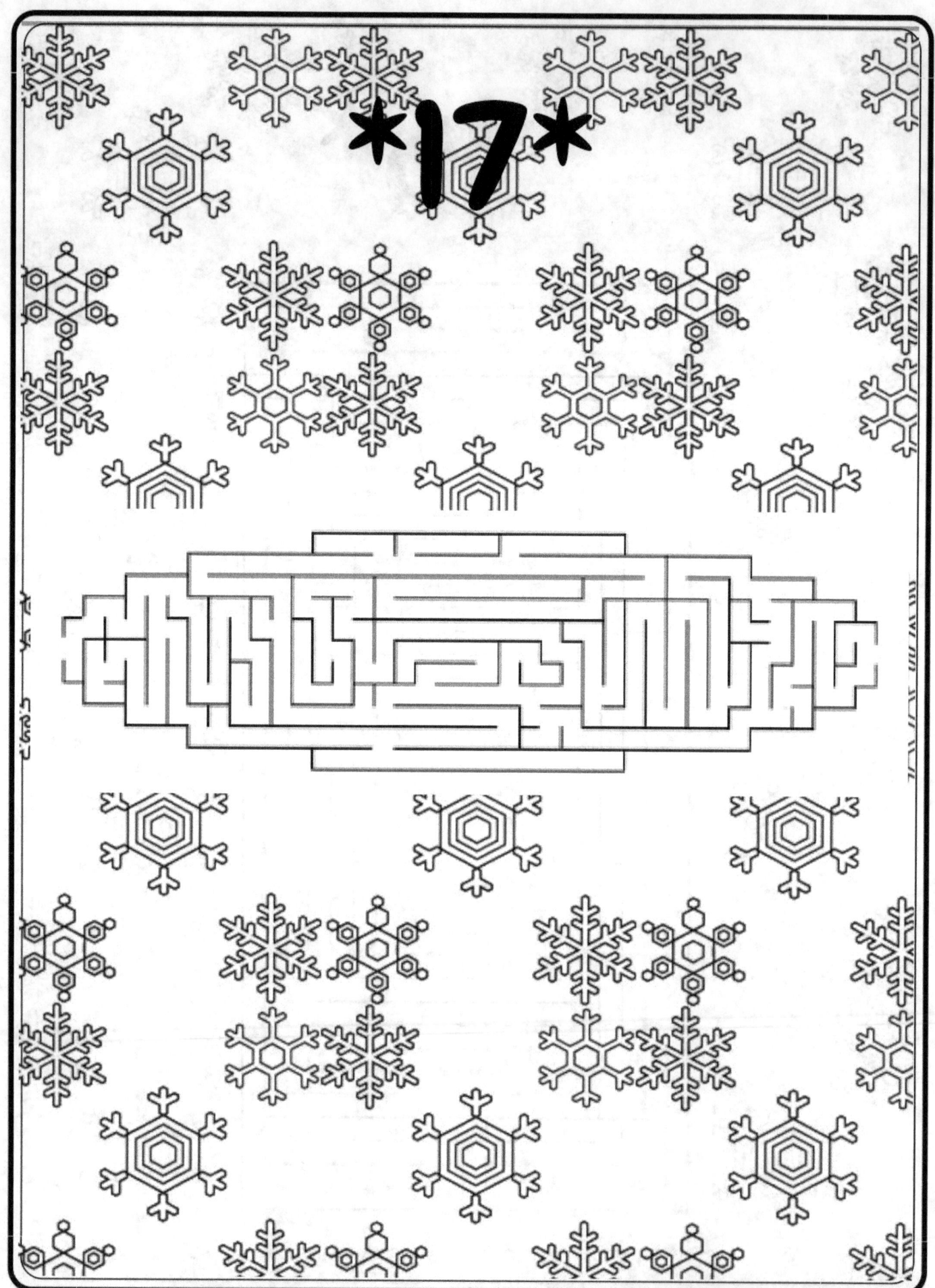

18

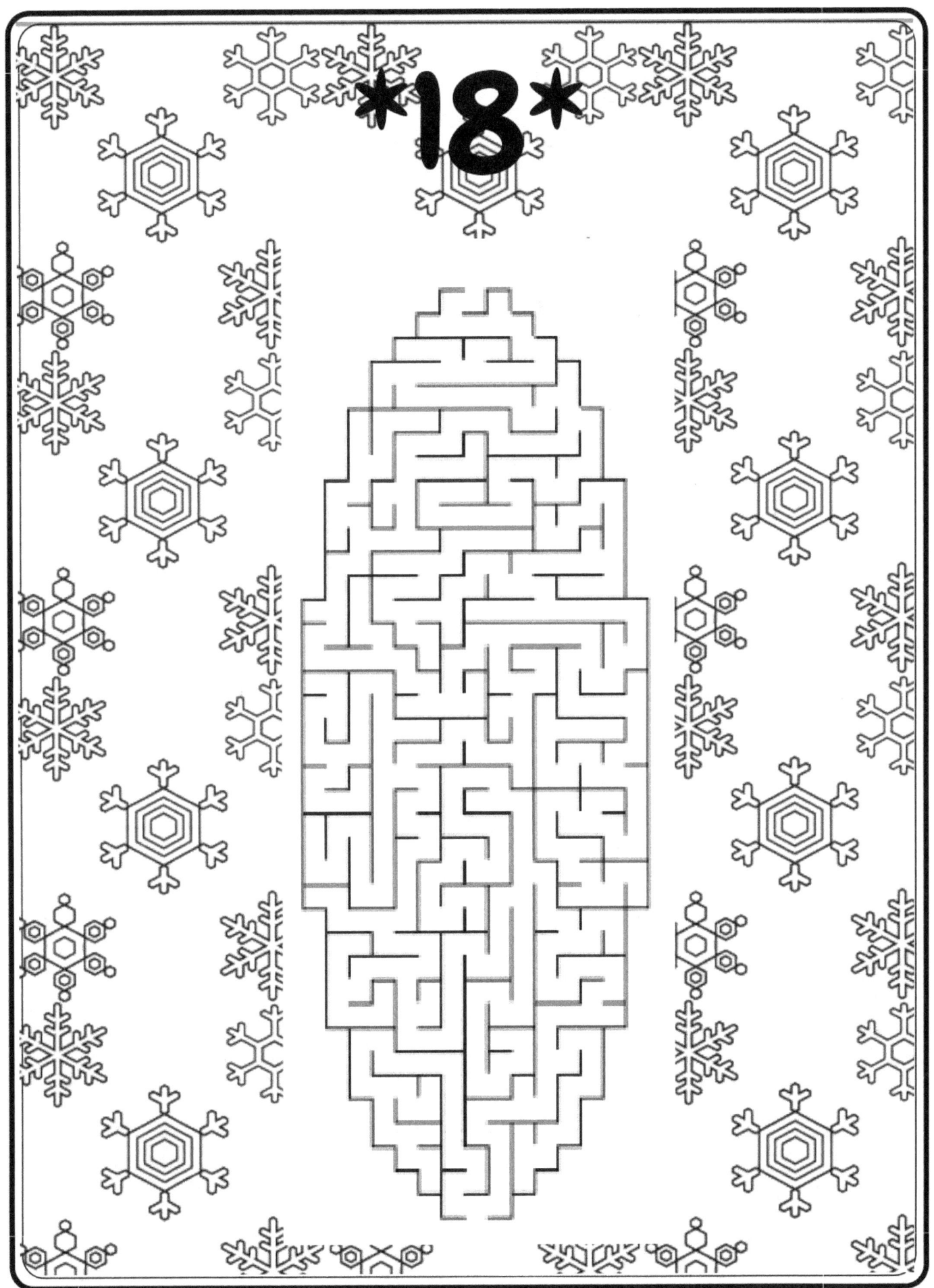

19

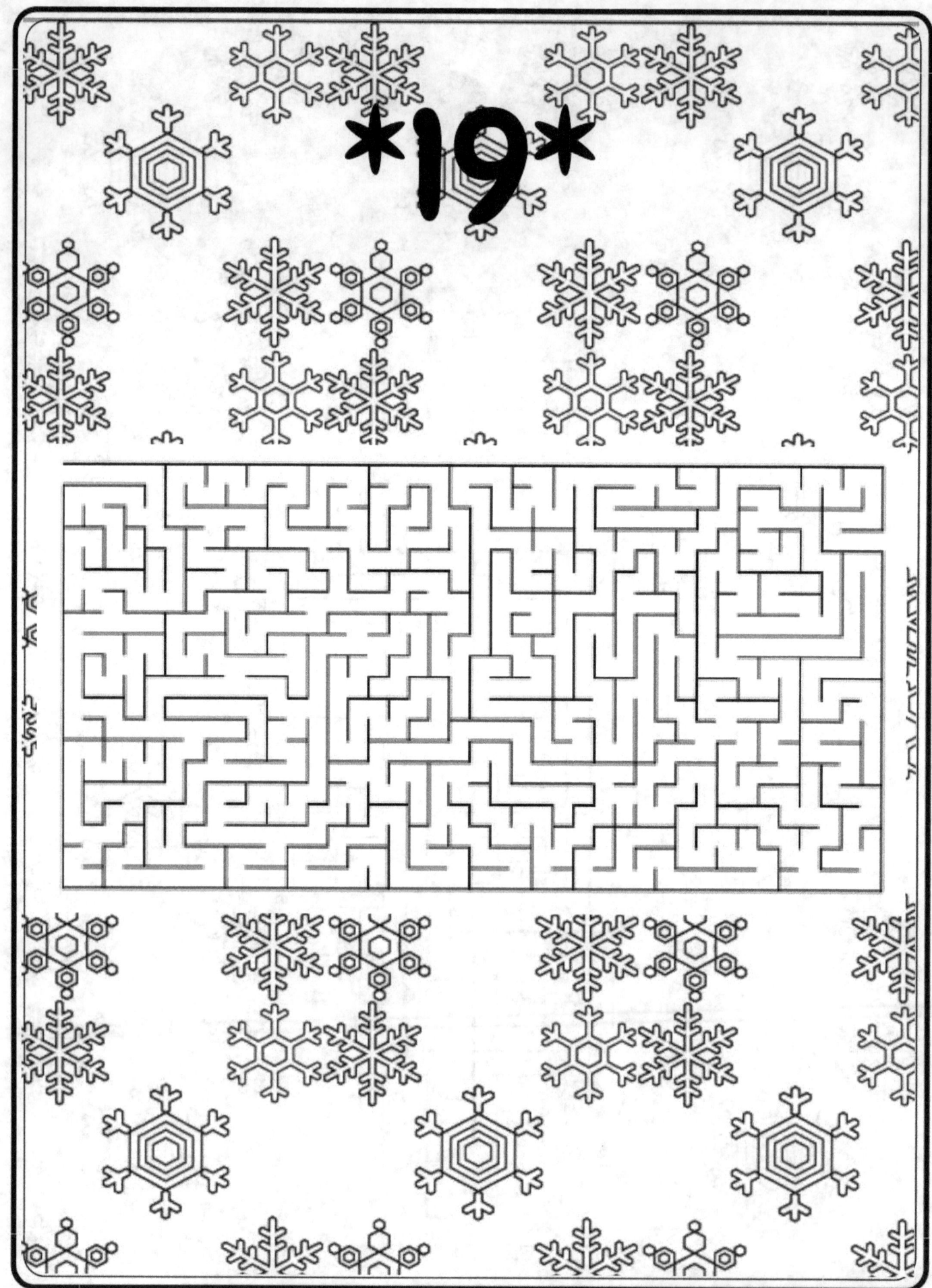

20

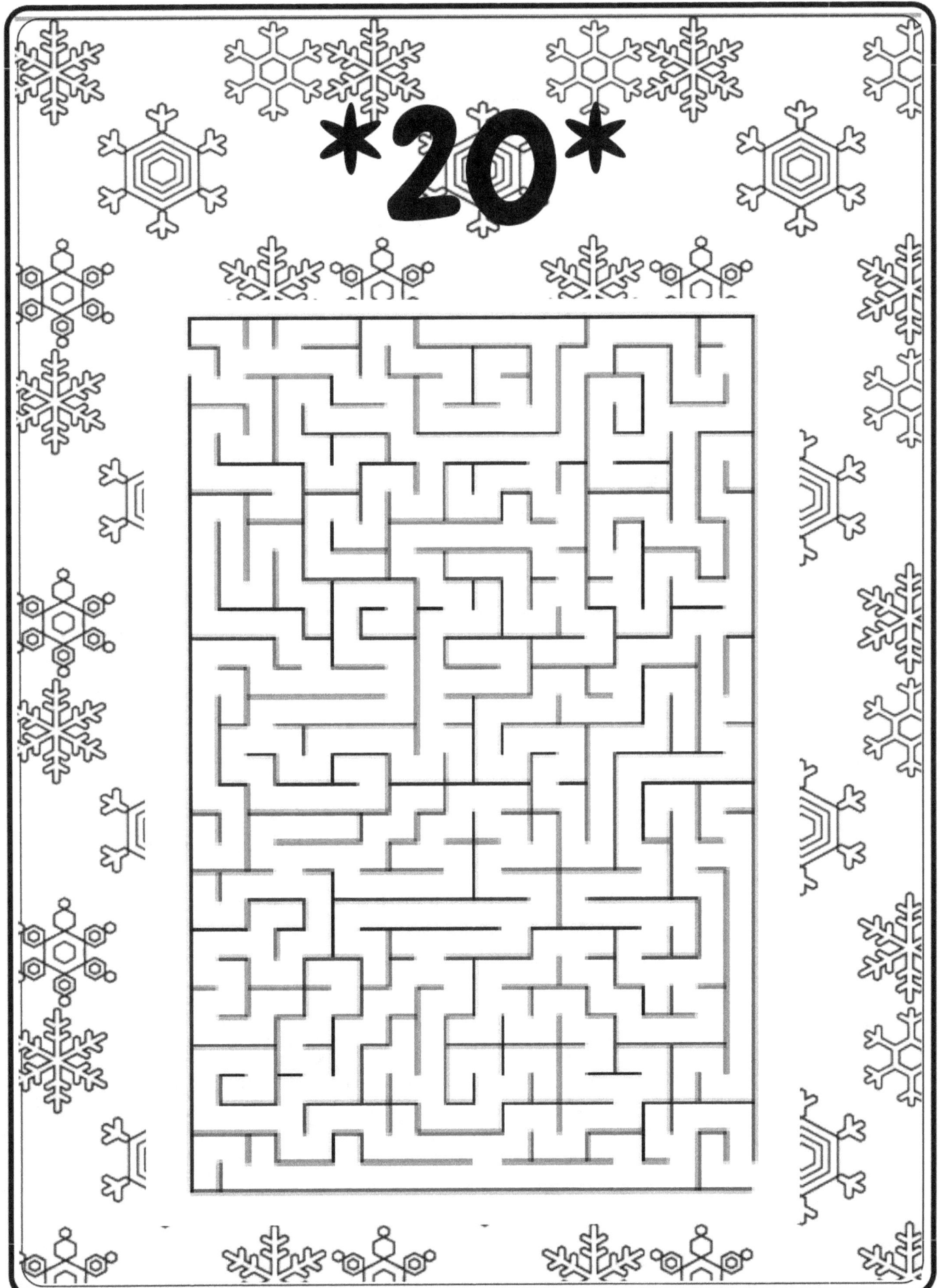

Sudokus Solutions

Page (1):

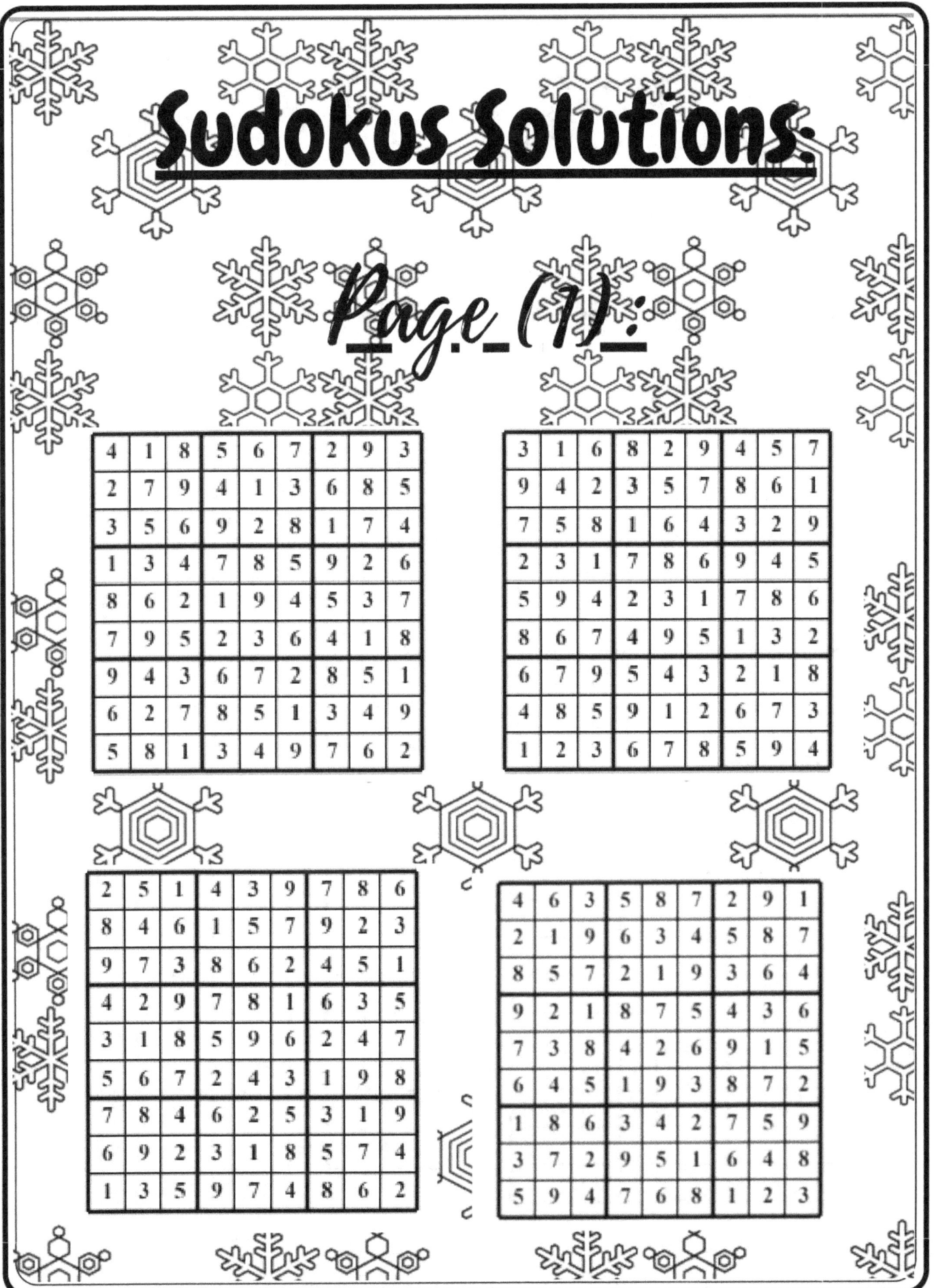

Sudokus solutions.

Page (2):

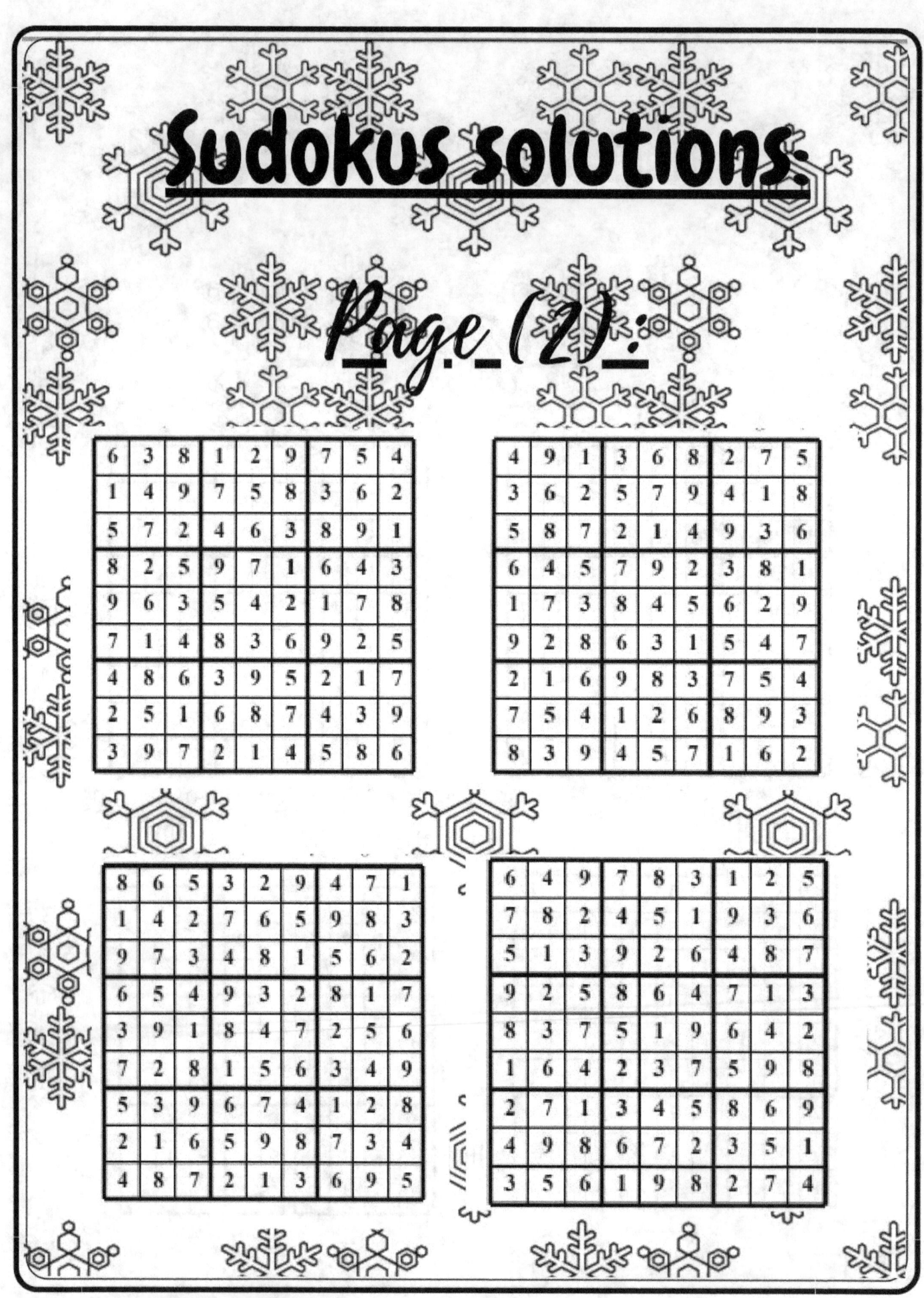

Sudokus solutions

Page (2):

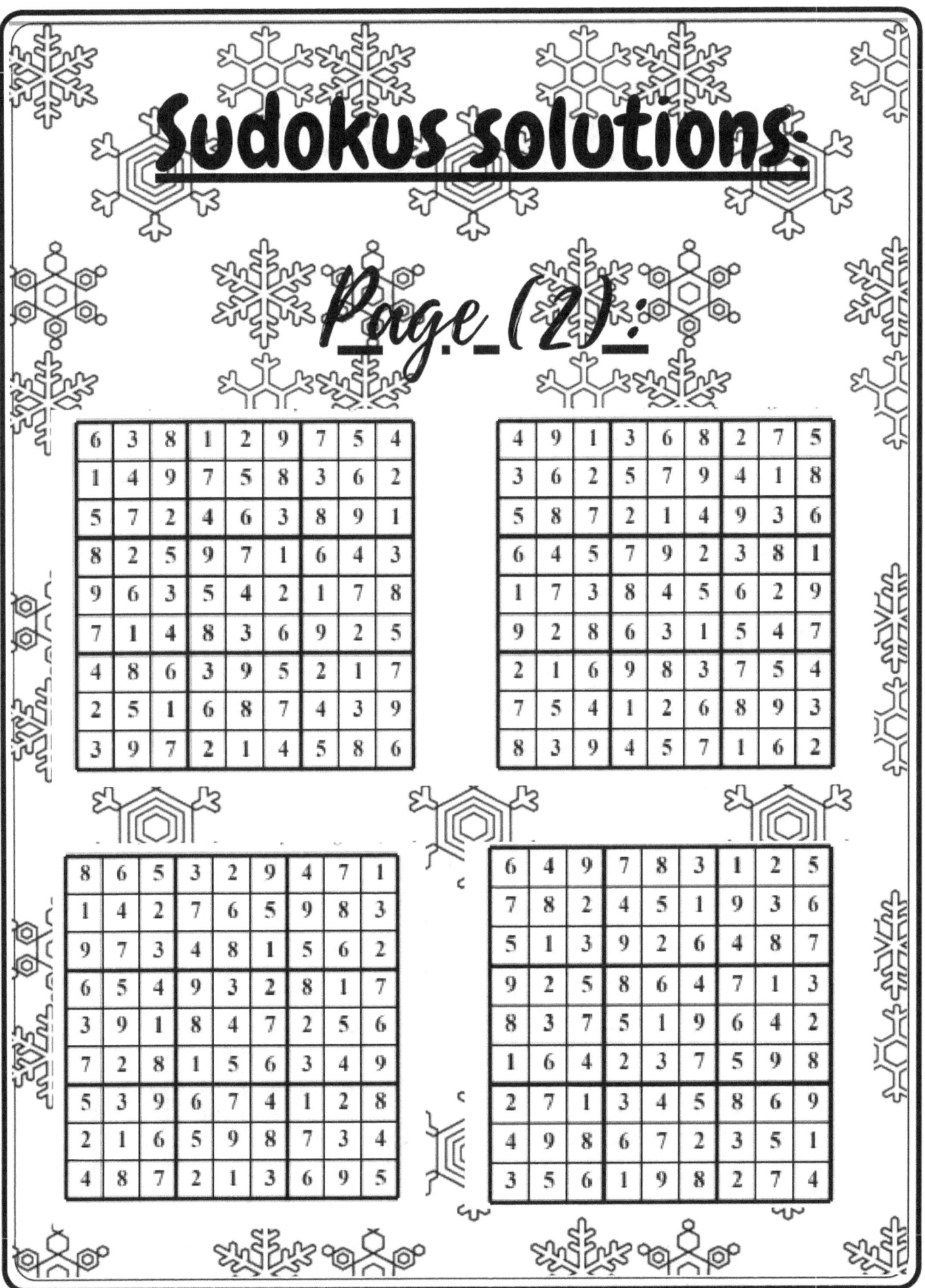

Sudokus solutions:

Page (3):

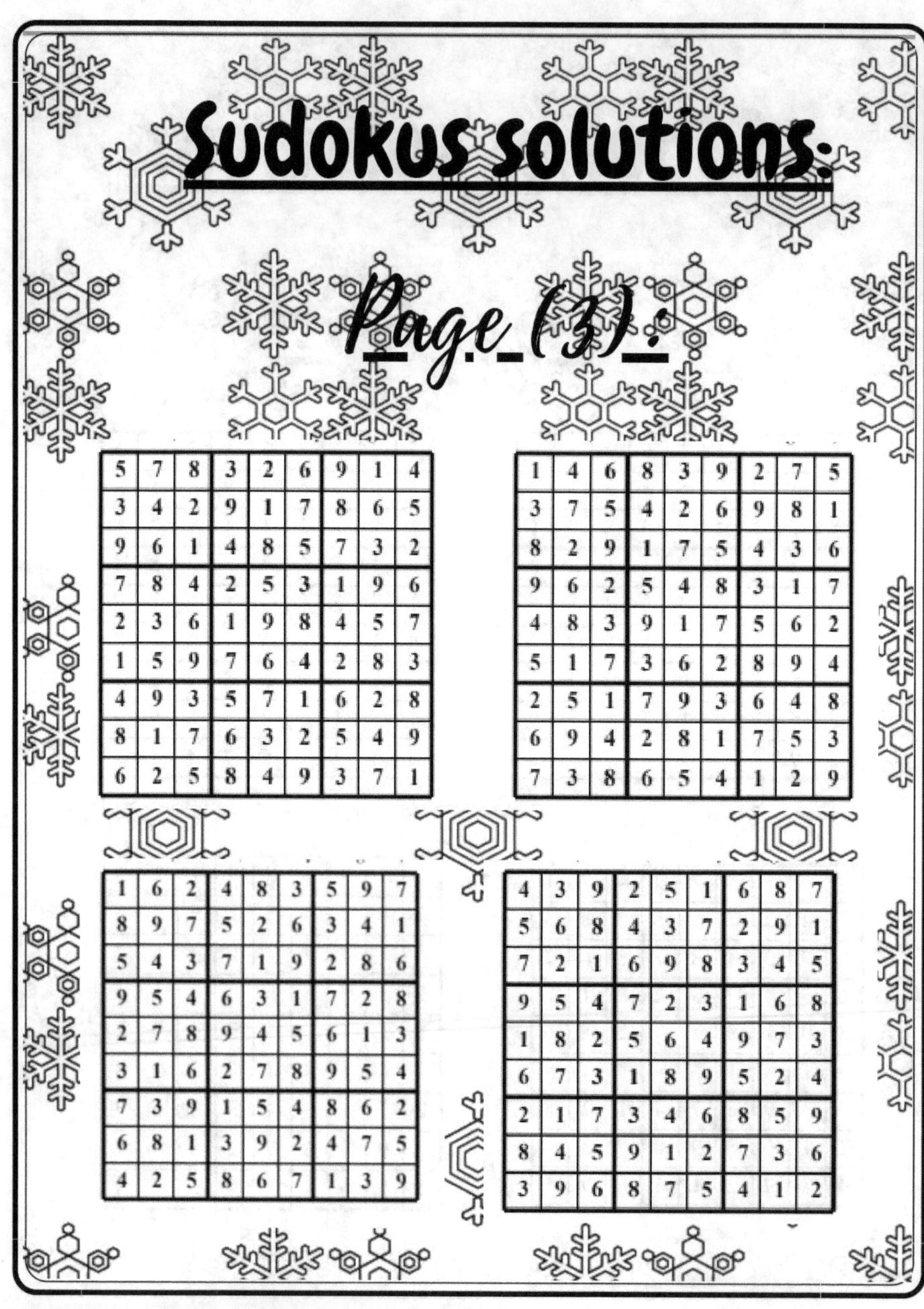

Sudokus solutions.

Page (4):

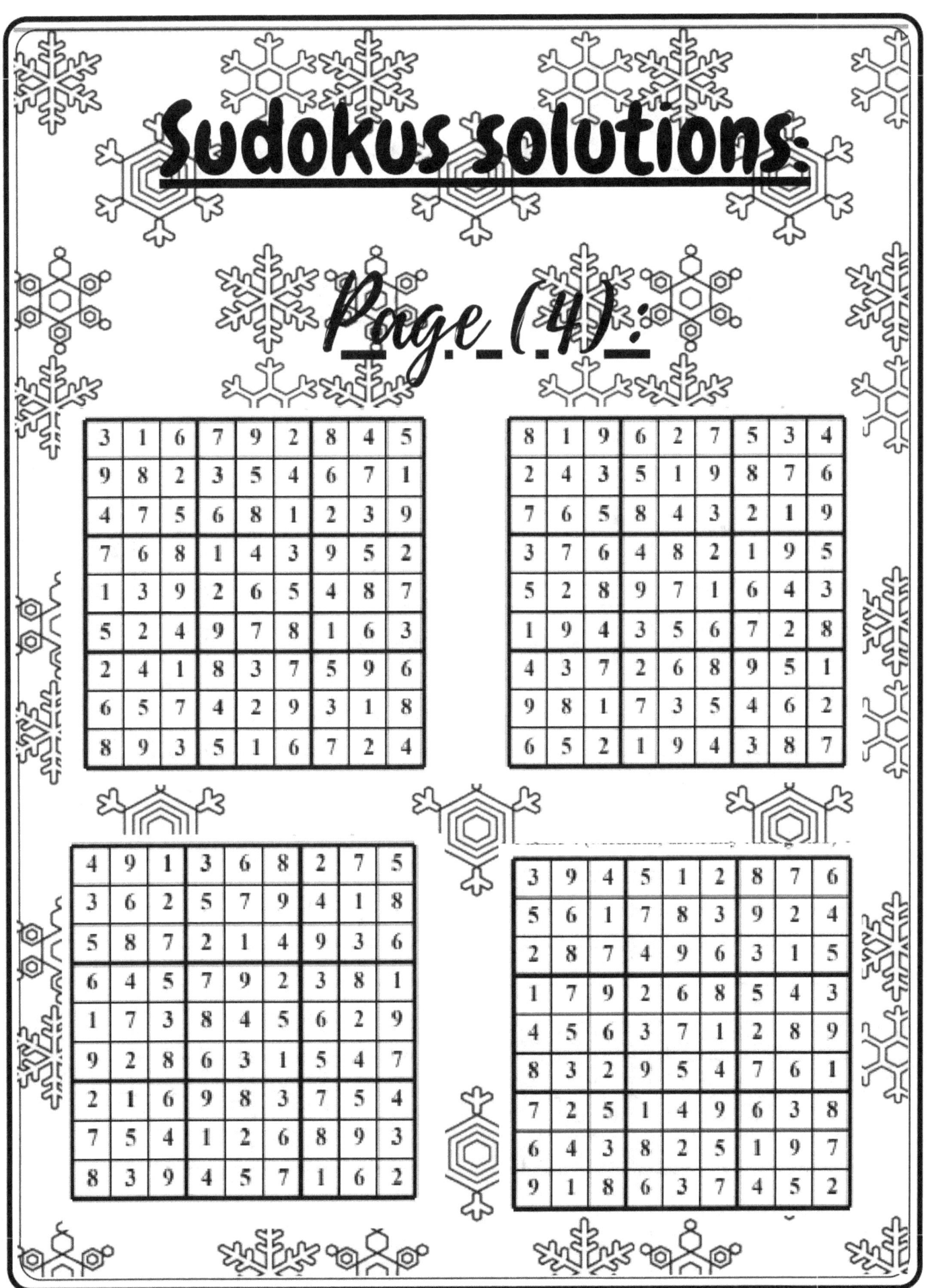

Sudokus solutions.

Page (5):

2	6	1	9	4	8	3	5	7
7	9	8	5	1	3	6	4	2
4	5	3	7	2	6	1	8	9
6	3	5	8	7	2	4	9	1
8	1	4	3	9	5	2	7	6
9	7	2	1	6	4	8	3	5
3	8	9	2	5	1	7	6	4
5	2	6	4	3	7	9	1	8
1	4	7	6	8	9	5	2	3

3	8	1	4	9	6	5	2	7
7	4	9	2	1	5	8	3	6
2	6	5	8	7	3	9	1	4
5	3	7	1	6	8	4	9	2
1	9	4	3	5	2	6	7	8
8	2	6	7	4	9	1	5	3
9	7	3	6	8	1	2	4	5
4	1	8	5	2	7	3	6	9
6	5	2	9	3	4	7	8	1

3	6	7	1	5	2	9	8	4
8	2	5	4	9	6	7	1	3
1	4	9	7	3	8	5	6	2
9	5	8	3	2	4	6	7	1
4	3	6	8	7	1	2	9	5
7	1	2	9	6	5	4	3	8
6	8	4	2	1	9	3	5	7
5	7	1	6	4	3	8	2	9
2	9	3	5	8	7	1	4	6

9	2	7	1	6	3	8	4	5
6	1	8	4	5	2	3	7	9
3	5	4	7	9	8	2	6	1
5	4	6	2	7	9	1	8	3
1	8	9	6	3	5	4	2	7
7	3	2	8	4	1	5	9	6
4	9	1	3	2	6	7	5	8
8	7	5	9	1	4	6	3	2
2	6	3	5	8	7	9	1	4

Sudokus solutions

Page (6):

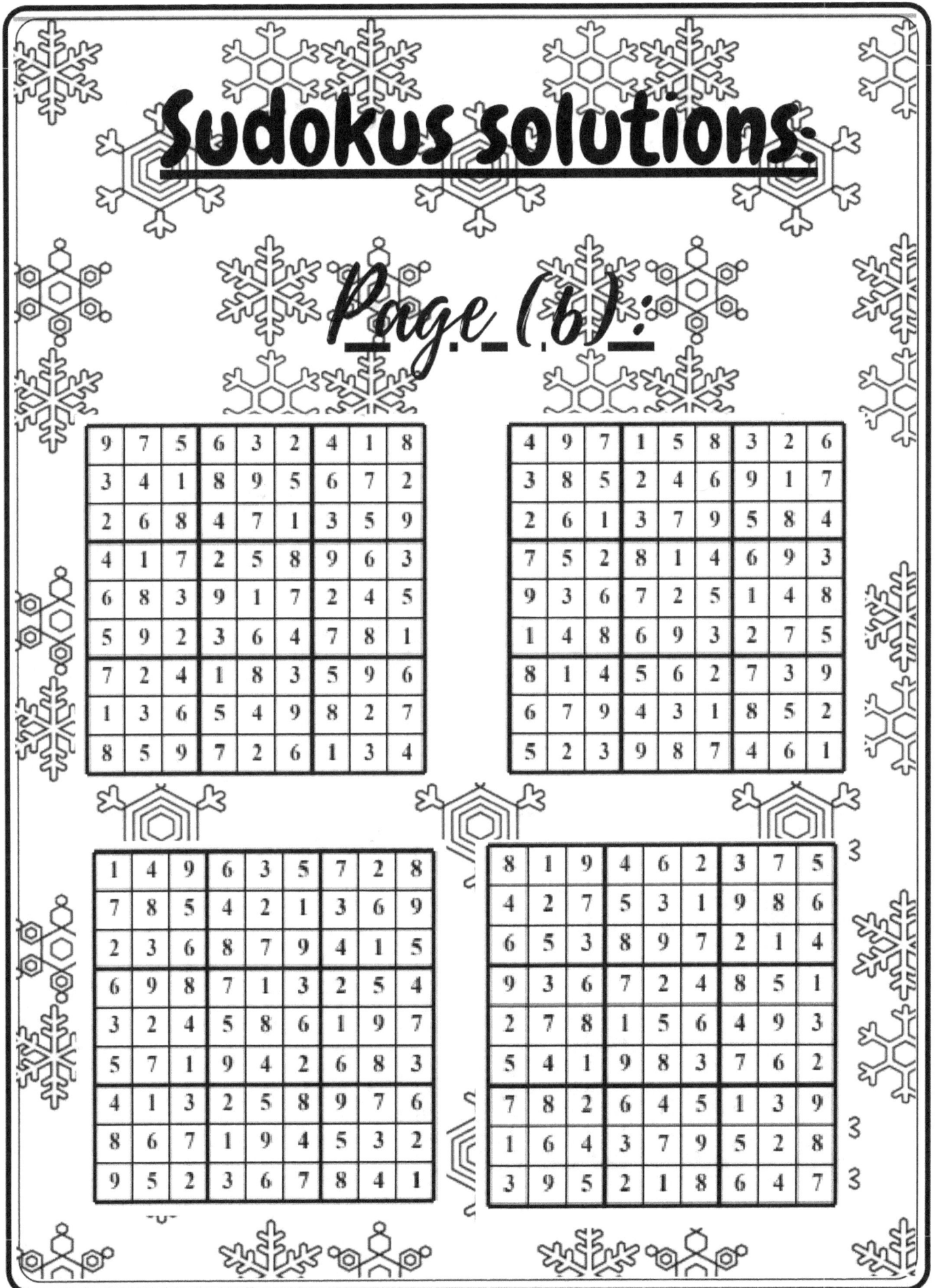

Sudokus solutions:

Page (7):

2	7	6	8	5	4	1	9	3
4	1	5	3	2	9	7	8	6
8	9	3	1	6	7	4	5	2
1	2	4	7	3	8	5	6	9
7	6	8	2	9	5	3	1	4
3	5	9	4	1	6	2	7	8
9	3	7	5	8	2	6	4	1
5	8	2	6	4	1	9	3	7
6	4	1	9	7	3	8	2	5

6	4	3	9	5	2	7	1	8
5	8	7	1	4	6	9	3	2
2	9	1	8	3	7	6	5	4
4	7	2	5	8	1	3	6	9
8	5	6	2	9	3	4	7	1
3	1	9	6	7	4	2	8	5
1	2	8	3	6	9	5	4	7
9	3	4	7	1	5	8	2	6
7	6	5	4	2	8	1	9	3

7	1	4	5	8	2	3	9	6
5	6	2	4	9	3	8	7	1
9	8	3	7	1	6	2	5	4
4	2	8	9	3	7	6	1	5
6	5	9	1	4	8	7	3	2
3	7	1	6	2	5	4	8	9
1	3	7	2	6	9	5	4	8
8	9	6	3	5	4	1	2	7
2	4	5	8	7	1	9	6	3

9	8	1	6	4	5	7	2	3
7	5	3	9	1	2	6	8	4
4	2	6	8	3	7	5	9	1
3	1	5	4	8	9	2	7	6
6	4	7	2	5	1	9	3	8
8	9	2	3	7	6	4	1	5
1	7	4	5	9	3	8	6	2
5	6	9	1	2	8	3	4	7
2	3	8	7	6	4	1	5	9

Sudokus solutions.

Page (8):

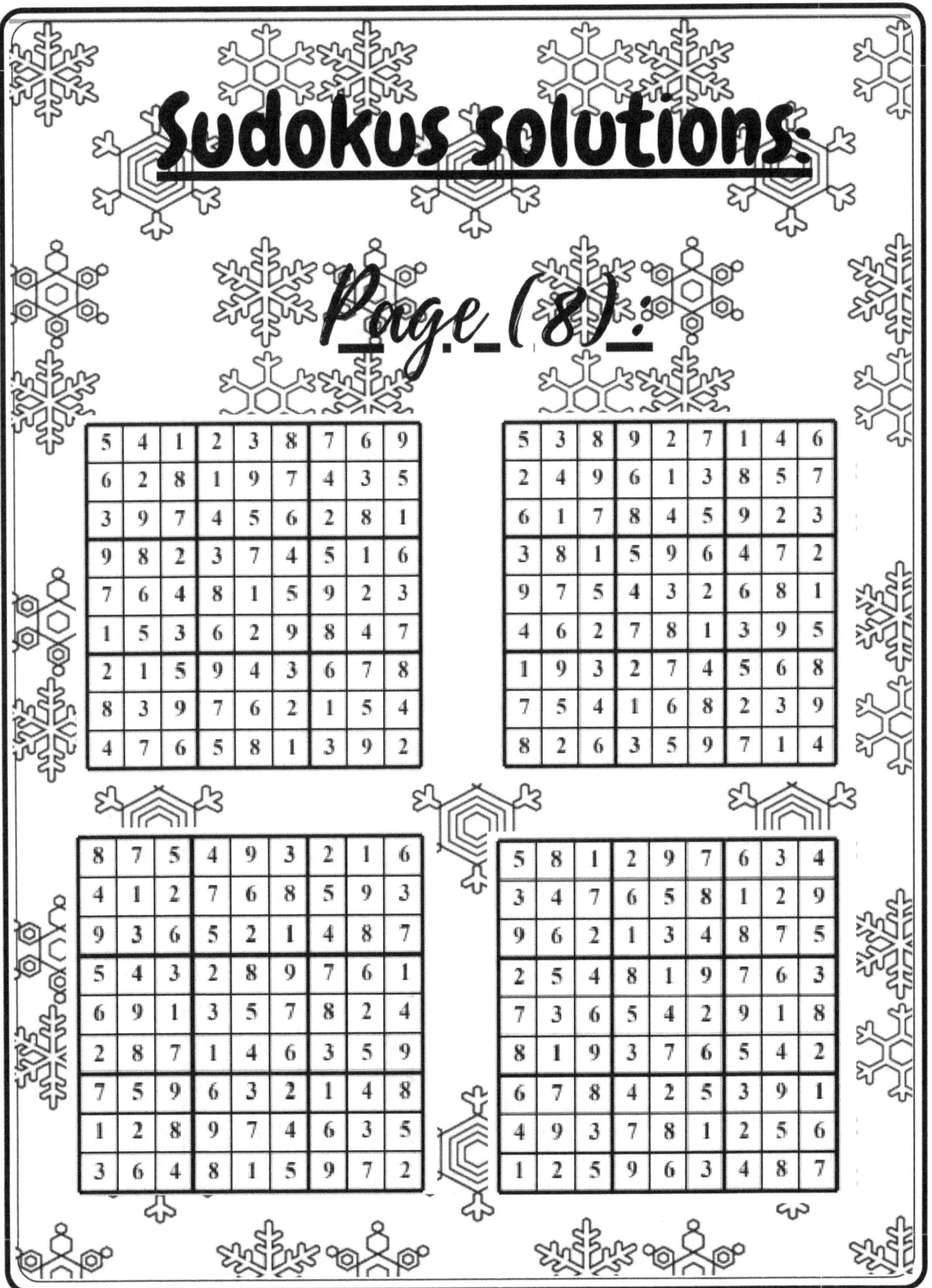

Sudokus solutions.

Page (9):

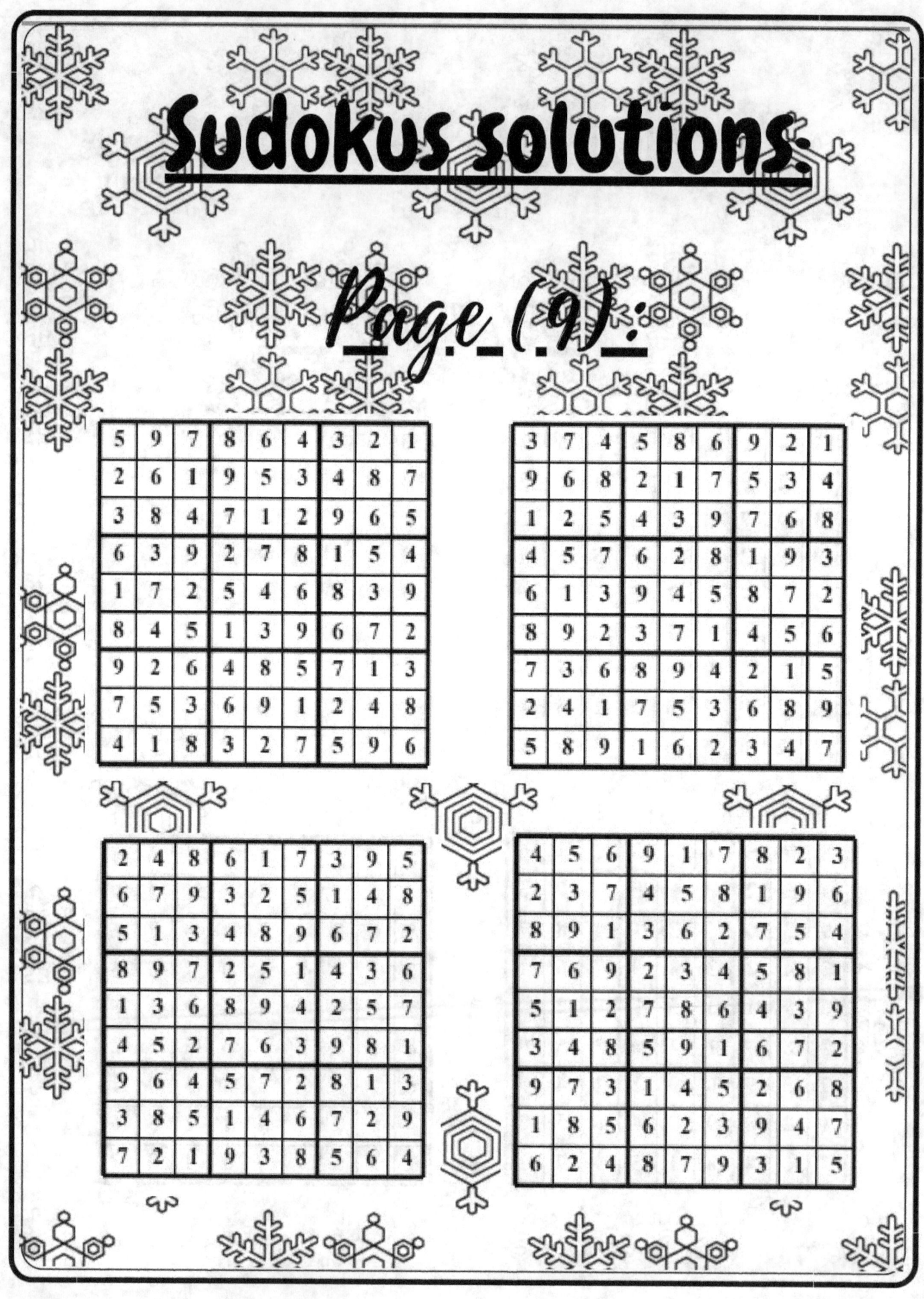

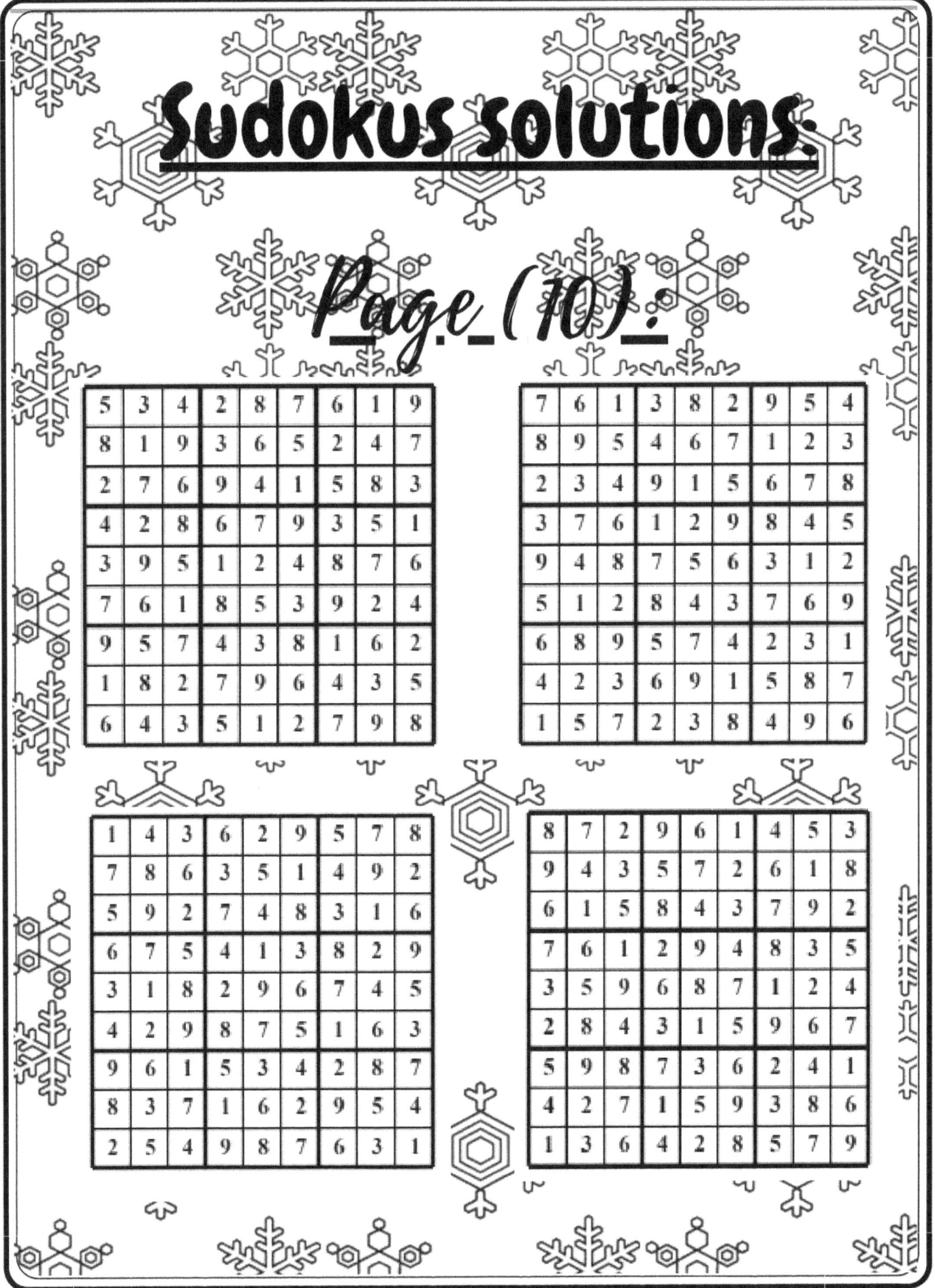

www.ingramcontent.com/pod-product-compliance
Lightning Source LLC
Chambersburg PA
CBHW080559220526
45466CB00010B/3201